坐困愁城

日佔香港的大眾生活

周家建　張順光　著

三聯書店（香港）有限公司

責任編輯　梁偉基
書籍設計　吳冠曼

書　　名　坐困愁城：日佔香港的大眾生活
著　　者　周家建　張順光
出　　版　三聯書店（香港）有限公司
香港北角英皇道 499 號北角工業大廈 20 樓
Joint Publishing (H.K.) Co., Ltd.
20/F., North Point Industrial Building,
499 King's Road, North Point, Hong Kong
香港發行　香港聯合書刊物流有限公司
香港新界大埔汀麗路 36 號 3 字樓
印　　刷　中華商務彩色印刷有限公司
香港新界大埔汀麗路 36 號 14 字樓
版　　次　2015 年 7 月香港第一版第一次印刷
規　　格　大 16 開（210 mm × 255 mm）184 面
國際書號　ISBN 978-962-04-3775-5

Published in Hong Kong

目錄

序一

日佔時期的「三年零八個月」，是香港百多年殖民地歷史的一個黑暗的片斷，也是香港史研究中一個較薄弱的環節。一直以來，有關這段歷史的研究及出版物多偏重於日軍侵港的十八天戰役及集中營的生活，資料來自軍事記錄及日記等原始檔案及老兵的訪談，以英文著述為多；回歸以來，東江縱隊香港獨立大隊在淪陷期間的抗日事蹟亦廣受關注，出版了不少專書，資料主要來自當年老戰士的憶述。但在「三年零八個月」時期港人的生活怎樣？日本如何管治香港？日治與英治有何分別？日治對戰後英國的管治方針可有影響？這都是至關重要的問題；可惜的是，這方面的著述，屈指可數，而且大都是多年前的舊作，殊為可惜。

我們早在十多年前籌劃「香港故事」常設展的「日佔時期展廳」時已面對過資料不足的問題。一方面是檔案資料匱乏。據知在香港檔案處現存檔案中，戰時記錄只佔所藏的千分之五，日軍留存下來的唯一文獻是土地記錄，至於能反映該段期間日治政府的政治、社會、經濟情況，及港人苦難生活的官方記錄絕無僅有。文獻不足，只能以口述歷史作補足。在一九四一年冬，由於周邊地區相繼淪陷，內地同胞蜂湧來港避難，本港人口驟增至一百六十萬，達至戰前高峰，但在日佔時期，日治政府以人口太多，難以應付，乃有計劃的把港人遣返原籍，及至日本投降前夕，人口已減至六十萬。不少港人都在一九四二及一九四三這兩年離港他往，故能憶述該段時期香港社會民生的人相對不多；而其時留港的人，尤其是頭面人物中，或有與日本人有不同程度合作者，有鑑於被指為漢奸的顧忌，他個人（及後代）都對「三年零八個月」的管治和生活經歷或避而不談，或語焉不詳。真確的口述歷史資料不易取得。

是書卻另闢蹊徑，透過超過一百件民間留傳下來的日佔時期舊物，包括：租單、電費單、水費單、土地稅單、房產稅單、保險庫收據、銀行股息單、電車票、巴士票、輪船票、馬票、馬牌、明信片、老照片、通用郵票、報刊廣告等，涵蓋經濟活動、糧食物資、社區生活、交通運輸、郵政服務、教育事業、消遣娛樂七個範疇，配以精簡的文字解說，以重構「三年零八個月」普羅市民的生活面貌，從一個嶄新的角度認識這段歷史。兩位作者，周家建對日佔時期素有研究，張順光是知名收藏家，兩位專家的合作為我們提供了一本既有大量資訊，又趣味盎然的日佔歷史讀物。今年為抗日戰爭勝利七十週年，有興趣多認識這段歷史的讀者，不容錯過。

丁新豹

香港中文大學歷史系客席教授

序 二

第二次世界大戰結束七十年，到了今天，這段悲慘歲月的親歷者大都撒手人寰，餘者寥寥，「三年零八個月」的痛苦記憶亦漸被淡忘，成為抽象的歷史名詞，甚至是遙遠的傳說。對生活於和平時期的人來說，他們大概沒法想像數以萬計的市民和難民在這裡因戰事、飢餓又或日軍的殺戮而無辜喪失生命。

本書的兩位作者以文字表述，以及難得一見的文物和照片，記錄了這段黑暗的日子。每件物事都是會說話的明證，告訴我們歷史的教訓，只要它們被保留、被展示，都會不停的「說」下去，警示世人香港經歷了一段口和筆難以道盡的塗炭之苦。

高添強
香港史及歷史照片研究專家

序 三

很榮幸能為兩位好朋友的新書寫序。張順光先生 (Alan) 熱愛收藏人盡皆知，他同時亦不吝惜跟他人分享其收藏，讓公眾能從舊物中鑑古知今，在下十分欣賞。周家建博士博學多才，過去參與多項有關香港歷史研究工作，在下每有求教，周博士亦不厭其煩一一解答。

研究香港歷史的書籍近年來可謂百花齊放，可惜關於日佔時期的卻不是太多，本書正好讓讀者輕鬆瞭解日佔時期港人的生活，今年正值香港重光七十年，可謂意義重大。兩位作者巧妙利用不同類型的資料，如歷史檔案、舊報紙、口述歷史、老照片等重現日佔時期生活情況，其中令人驚喜的，莫過於大家使用完十之八九必會棄掉的東西，居然會在本書發光！這些東西就是車票、租單、水費單及電費單等日常生活憑據，兩位作者將這些東西（如今當然是珍貴的藏品）反覆推敲研究，驗證官方文件中日方對香港的政策。大家不妨細心留意日常報紙的廣告、車票、單據，再看看書中的研究方法，可能有意外驚喜！

本書亦是一個很好的示範，教導大家如何利用檔案等原始史料去編寫不同時期的生活面，對有志研究香港史或需要撰寫研習報告的讀者們，本書實是一本不可多得的教材。衷心期望兩位可以繼續在不同課題上合作，將香港歷史的抽屜一一打開，將是讀者之福。

劉國偉

長春社文化古蹟資源中心執行總監

序　章

柯林烏（R. G. Collingwood, 1889－1943）在《歷史的理念》（*The Idea of History*）中曾指出，歷史是一門「研究人類在過去所做的各種行為的科學」。而柯氏認為歷史研究應從詮釋史料去開始，因為史料是記載著「時與事」之物。[1] 作為「時與事」的載體檔案就成為了歷史研究倚重的東西，因為它可以印證出事件發生的始末與過程。

檔案（records）通常被視為史料的一種，歷史研究者以搜集歷史資料為起點，從而進行嚴謹分析來將事件的前因後果作客觀判斷、鑑定與解釋。由於歷史檔案的時空因果關係最清晰，因此歷史檔案是歷史研究中不可或缺的原始史料，有助將事件的真相呈現出來。

檔案的普遍定義是：「意指任何組織或個人在執行公務期間，以任何形式或媒體編製、接收或蒐集的紀錄資料，這些資料可作為處理公務及進行活動的憑證，並保存下來作參考及其他公務用途。」[2]

檔案的產生經歷多個步驟，早期的「常用檔案」（current records），是因公務而產生。公務檔案係指因公務活動而產生的檔案，其形成的主體主要是公務機關或其他社會組織。公務檔案包括法規、財政及行政公文等文書記錄。當公務完結後，那些很少用或參考之用的「常用檔案」會轉變成「非常用檔案」（non-current records）。當「非常用檔案」經鑑定的程序後，一些具歷史價值的將會被永久保存下來。因應其歷史價值而被永久保存的檔案，稱之為「歷史檔案」（archival records）。

官方檔案的保存，大多收藏於檔案館。但是一些檔案因應公事上的需要會產生多個拷貝，例如官方保留著登記文件的正本，而市民保留著官方發出的文件副本等。

除公務檔案外，人們亦會因應其生活習慣和模式而產生「私人檔案」，例如日記、文稿、筆記、信函等。有別於公務檔案，私人檔案保存在缺乏檔案學的基礎概念下，並沒有因此而產生出完整的「檔案組別」（records series），但仍因其歷史價值而顯得意義非凡，彌足珍貴。

站在學術研究角度而言，不論是官方檔案或私人檔案，兩者皆與社會發展有著密切的關連。從分析檔案內容，讓檔案內的原始資料，不單表述出檔案與現實的關係，更可重構歷史的真像。

如同早期的檔案一樣，日佔時期的檔案可分為立體檔案和平面檔案。現存於香港的日佔時期立體檔案並不多，當中包括拔萃男書院校史館藏有的、在校園內出土的日軍軍刀，香港海防博物館蒐藏的日軍制服，香港日本人學校小學部保存的香港國民學校神社的石獅子，筲箕灣譚公廟內的日佔時期碑文等等。平面檔案方面，現存於香港歷史檔案館的日佔歷史檔案，多為田土檔案和一些法庭材料，數量並不多。

香港民間收藏的日佔時期歷史檔案，則以紙品收藏為主，包括了書籍、報刊、圖冊、信札、照片、郵票、票證、單據、合同、契約等等。紙品作為歷史載體，多以文字或圖案來記載事件始末。每件紙品收藏，都能反映出那個時代的某個方面的發展，以及感受到那個時代的典型特徵和相關的人文精神。

既然檔案乃瞭解史實的基礎，因此進行歷史研究時，不能拘限於單一思維與視野，必須從多元化角度切入，才能作全方位表述。日佔時期，普遍的論說多以為市民生活貧無立錐，境況堪憐。但當談及「生活」時，狹義來說，是指人類生存的過程，包括工作和享樂。而廣義的表述，則是指人類日常所需的物質，例如衣、食、住、行的相關需求。[3] 正因「生活」在每一天因人的活動而存在，因此與「生活」有關的檔案亦應運而生，例如「軍政廳民政部水道班」發出的水費單、「香港占領地總督」磯谷廉介簽發的「營業證明書」，以及「香港競馬會」的職員保證書等等。在環環相扣、循環不息的情況下，日佔時期的檔案成為了印證當時「日常生活」的載體。

在波譎雲詭的香港近代史長廊中，日佔時期的史料相對貧乏。本書祈望透過簡短的文章，輔以一些民間收藏的珍貴記錄，將「三年零八個月」期間市民的日常活動呈現於讀者眼前。

註釋

1 柯林烏著，陳明福譯：《歷史的理念》（台北：桂冠圖書股份有限公司，1984 年），頁 12。

2 中華人民共和國香港特別行政區立法會，《立法會歷史檔案及檔案管理政策》，http://www.legco.gov.hk/general/chinese/sec/lc_archives/lc_archives_policy.pdf（瀏覽日期：2015 年 3 月 20 日）。

3 梅英：〈生活與藝術之我見〉，《台灣源流》，第 26 期（2004 年 3 月），頁 127。

01

艱苦經營的經濟活動

香

日佔時期，物資供應不足，市面變得蕭條，營商環境並不理想，一般市民三餐不繼，更遑論有多餘的消費購物能力。

儘管形勢嚴峻，但當時的商業活動並非全面停頓下來，在商人的刻苦奮鬥下，部份工商業得以恢復運作之餘，亦衍生出一些新興的行業，成為淪陷時期，香港經濟活動的一個特色。

輕工業

戰前香港是華南地區的工業中心，劉蜀永教授在〈戰前工業的崛起〉一文中指出，二十世紀二十至三十年代，華人企業家開始在香港發展工業，至 1937 年抗日戰爭爆發，更將香港的工業推上另一個高峰。1939 年，香港的工業品出口總值達九千九百萬港元，當中以織造業、煙草業、膠鞋製造業最興旺。[1]

然而，在日佔時期，物資供應短缺，社會秩序混亂，令本港工業受到重挫。更重大的打擊是，為了搶奪物資以支持其在太平洋的戰事，日軍攻佔香港後，一些工廠馬上被軍方查封，並且拆除機械設施及充公原材料。以成衣的製造和銷售為例子，其中三星織染廠分廠三三織造廠因曾在戰前為港英政府生產物資而被查封；中華電機織染布廠被日軍強行佔據，只有寥寥數家織造廠得以局部復業，如中光電機布廠、國光電機布廠等等。在生產量少和缺乏原材料的情況下，棉織品售價昂貴，甚至爛襪亦有其價值，當時有不少小販沿街收買爛襪，據說每對值二三十錢。[2]

錢福注憶述其家族經營的昌興和機器製罐廠被日軍搬走物資的情況時，說：

> 大約 1942 年年中至年底之間，日本人將我們工廠的白鐵管原料搬走。我們負責到工廠看著他們搬貨，記下日本人搬走原材料的時間和數量。我天天到工廠看著日軍搬走甚麼箱子，點算後大概有一萬件貨物。[3]

日治政府對原材料關注的原因是金屬在戰時被視為軍事物資，因此進出口都受到監管，並且必須得到「總督部」的認可，方能憑證購買所需原材料。[4]

後來，經「總督部」批核後，部份工廠得以復業。根據 1947 年出版的《香港工廠調查》，淪陷期間復業的工廠包括：香島製漆公司（漆、油類）；中光電機布廠、國光電機布廠、港粵金山織造廠（織造類）；麥明記機製牙刷廠、鄧忍記機製牙刷廠、利華製帽廠（日用品類）；依依樹膠廠、中英橡膠製品廠〔橡膠類〕；同茂皮廠、夏雲槓箱皮具公司（皮革類）；海棠化妝品廠（藥品、化妝類）；倫敦糖果公司、淘化大同罐頭醬油公司、興亞果子有限公司（食品、調味類）。[5]

百貨業

日佔期間，香港的百貨業仍然運作如常，為市民提供選購上等消費品的服務。當時仍有營業的百貨公司，包括瑞興百貨公司、永安公司、中華百貨公司、先施公司和大新公司。[6] 日資百貨公司亦相繼在香港開業，當中包括松坂屋、玉屋等等。而主要售賣服飾和布匹的專門店，如老介福綢緞莊、美美兒童服裝和榮芳洋服等，均繼續營業，並且在報章上大賣廣告。[7]

百貨公司亦成為展覽場所，例如「總督部報導部」從 1942 年 12 月上旬起假座東明治通松坂屋百貨公司二樓，[8] 舉辦「大東亞戰爭一週年紀念寫真展覽會」，同月下旬，再在玉屋百貨商店二樓舉辦「戰時下日本寫真展覽會」。[9] 可見在日佔時期，百貨公司除了是市民大眾消費的場所外，亦成為日治政府進行政治宣傳的場所。

故衣業

淪陷時期，本港產生了一些新興的行業，故衣業是其中的佼佼者。故衣業的興起，一方面是因為成衣製造業的萎縮造就了故衣業，但更重要的原因是經濟的丕變以及環境的變化。當時，本港經濟受到戰爭影響而變得蕭條，市民消費能力轉趨疲弱，同時令物資供應環境產生變化，衣料來源變得缺乏。在兩者互相影響下，遂衍生了買賣故衣這個行業。

故衣業可以分為故衣攤、故衣檔和故衣店幾種。故衣攤主要是物主將家中衣服擺地攤變賣，以賺取生活費。故衣檔則屬小本經營，用最低廉的價錢買入故衣，再轉售給故衣店賺取微利。故衣店就如同一家服裝店，不僅資本較為充裕，售賣的貨品亦較為上乘。日佔初期的香港故衣市場，主要集中在灣仔及港島東區。後來因為港島東區屢受盟軍空襲，故衣市場遂轉移到荷李活道、西明治通高陞戲院一帶，[10] 當中以荷李活道的故衣店出售的貨品最為上乘。九龍方面則集中在上海街、長沙灣和油蔴地一帶。

即使故衣的價格比新的衣裳便宜，但部份的價格亦不菲，例如冬天大衣便要四十元一件。[11]1943 年 3 月 23 日《香島日報》內〈故衣〉一文，就寫出市民選擇故衣的原因：

> 在生活程度日高，物價高昂的今日，到疋頭店或百貨公司選購衣料的，當然會有一部份人，可是一般的市民來說，他們大多數是購買力薄弱，一碼之布動輒三四元至六七元，一身衣服起碼也非二三十元不可。月中所入有限，他們怎能負擔得起這麼大的開支。但是衣服不能不穿。於是祇有改變途徑於故衣店裡去。[12]

當時在街上出售故衣的主要是普羅大眾，他們把家裡值錢的衣物拿到街上擺賣來賺取生活費。除本地顧客外，鄰近地區如廣州和廣州灣等地商人紛紛來港搶購故衣，特別是來往粵港兩地的水客就成為了故衣的主要顧客，這些水客從農村帶來糧食出售，再選購故衣帶回家鄉出售，以此賺取微薄利潤。[13]

至於一些資本較充足的故衣商看準了中國內地龐大市場的需求，紛紛前往香港搜購故衣，然後帶往廣州灣、澳門、廣州等地出售，甚至遠銷至雲南、廣西等地。據行內估算，1942 年下旬，大商號的營業額達數十萬元，小商號的亦逾十萬元。[14] 足見當時故衣業的興旺環境，為本港及內地商人尋找商機的途徑。然而，到了 1943 年上旬，故衣的銷情開始轉淡。[15]

值得一提的是，故衣店與當押店有著密切的關係，因為故衣店中不少貨物都是來自於當押店。當押店將客人逾期不贖的衣物轉讓給故衣店。

小攤販

除故衣攤是以小販形式經營，沿街叫賣來吸引顧客外，當時不少市民都以當小販謀生，當中以售賣香煙為最暢旺的貨品。「高夫力」、「老刀牌」、「孖七牌」等香煙，只要能從香港運往九龍，必定能夠圖利。有「華南影帝」之稱的吳楚帆（1910-1993）在淪陷初期為了生計，就當上了香煙小販。[16]

自 1944 年 9 月 30 日日治政府撤銷公價後，煙草售價飆升，最平的「五華牌」零售價升至十元以上。

	老刀	紅錫	玉葉	五華
首次價目	3 元	2 元半	2 元	1 元半
一改	4 元半	3 元 8 錢	3 元	2 元 4 錢
二改	6 元	5 元	4 元 2 錢	3 元半
三改	7 元半	6 元半	5 元半	4 元半
四改	9 元半	8 元	7 元	6 元

（資料來源：見《華僑日報》，1945 年 2 月 11 日，〈煙草價格變更比較〉條。）

另外，市民亦將家中物品搬到街上擺賣，攤販檔成了日佔初期的景象。例如香港大學中文學院教授陳君葆（1898-1982）就曾記載兩則有關小攤販的故事：「免費歸鄉一事，雖現在似乎暫時停止，但收買爛布、破衣服、舊棉胎的生意仍然繼續著，一車一車的破布，一綑一綑的棉胎。」「午間在中華百貨公司門口的貨攤上買了一雙皮鞋給雲湘，價錢軍票一元五十錢，即港幣六元，這成交的價跟與她開口索的價，相差僅三十錢，但我看那擺攤的女人，在討價還價時所發現的急切的神色，知道她們現在等現款至急……一百幾十萬的市民不知如何過得活。」[17]

漁農業

日佔時期，政府積極發展香港的漁農業，以求在糧食供應上達到「自給自足」。為了監控生產，日治政府以「組合制」形式來統合業界。

以漁業為例，日本為使香港的漁業能在短期內復甦，自1942年末起，在香港八個區成立了「戎克漁業組合」，分別是：「長洲戎克漁業組合」（1942年11月19日）、「筲箕灣戎克漁業組合」（1942年12月13日）、「大澳戎克漁業組合」（1943年1月5日）、「大埔戎克漁業組合」（1943年3月18日）、「油蔴地戎克漁業組合」（1943年4月5日）、「蒲台戎克漁業組合」（1943年5月8日）、「荃灣戎克漁業組合」（1943年6月12日）和「青山戎克漁業組合」（1943年9月1日）。

「漁業組合」主要負責指揮漁民生產、整頓漁業機構，以提高漁業生產率為目的。「漁業組合」亦為漁民提供日用品配給，包括米糧、燃料、桐油、鹽等物資。[18]

漁業的副產品鹹魚業，在日佔時期除了內銷，亦外銷至鄰近地區。鹹魚主要是由「鹹魚欄組合」負責批發，但個別地區亦設有銷賣點。鹹魚主要是來自長洲和筲箕灣。1942年下半年，筲箕灣的批發量是每日過百擔以上。以1942年8月為例，鹹魚來貨十二萬三千餘斤，價值五萬餘元，另外海產類二千一百斤，價值五千餘元。[19]

在農業方面，為增加生產，「九龍農民合作社新界分社」負責指導農民生產。當時的主要農場有亦園農場、餘園農場、茂園農場、肥園農場、樂園農場、汲水門園、桃園農場和青山農場。此外，日佔初期公賣制度已在元朗推行，以「區役所」為主導單位。營銷方面，則由「蔬菜荷集組合」經營。[20]

因應農業貿易的需求，戰前已發展成熟的新界墟市在日佔時期依舊運作。1943年1月25日《香島日報》記者英兒，一行四人到新界遊覽：

> 「三六九」是大埔墟的墟期照例本是很旺盛的，但可惜，我們到得太早，墟還未開。我們祇好找一家酒樓用餐……中午。我們飯食過了，又步出墟上觀光，這一回果然不同了。六街三市，熙來攘往，今之視□，尤勝當年。[21]

除大埔墟外，位於新界西部的元朗是糧食運輸的中轉站，東莞和寶安等地的農產品，如蔗糖、眉豆、土紅豆等，分別從水、陸兩路運往元朗，再轉運出市區，為配合糧食運輸需要，每天都有公共汽車來往旺角及元朗。元朗的墟期在日佔初期曾經短暫停止，後來漸漸恢復運作。其中大馬路在日佔時期較為蕭條，但仍有茶樓和商店營業。[22]

結語

日軍佔領香港初期，香港經濟活動受到了嚴重的打擊，無論是輕工業、百貨業、漁農業，都受到不同程度的影響。

雖然局勢穩定以後，上述各個行業都得以恢復運作，尤其是漁農業的生產受到日治政府格外重視，希望香港能夠做到「自給自足」的狀態，但效果始終不理想，不同行業都是在困難重重的環境下去經營。為謀生計，不少普羅市民以至商人紛紛加入故衣行業，通過買賣舊衣服以賺取生活費用或些微的利潤，令故衣業得以在日佔時期異軍突起。

註釋

1 劉蜀永：〈戰前工業的崛起〉，載劉蜀永主編：《20 世紀的香港經濟》（香港：三聯書店，2004 年），頁 105、128。

2 見《香島日報》，1944 年 3 月 4 日，〈爛襪有價・小販沿街叫賣・每對二三十錢〉條。

3 劉智鵬、周家建：《吞聲忍語：日治時期香港人的集體回憶》（香港：中華書局，2009 年），頁 177。

4 見《香島日報》，1942 年 8 月 20 日，〈五金屬業今昔談〉條。

5 周家建：〈日佔時期的經濟〉，載劉蜀永主編：《20 世紀的香港經濟》，頁 153。

6 見《華僑日報》，1942 年 7 月 20 日，〈中華百貨公司〉廣告。另見《香島日報》，1944 年 3 月 4 日，〈明日・星期日〉條。

7 "Wing Fong." *Hongkong News*, 25 December, 1942.

8 按：東明治通即皇后大道東。

9 見《華僑日報》，1942 年 12 月 7 日，〈大東亞戰爭寫真展覽・觀眾擠擁〉條；1942 年 12 月 23 日，〈寫真展覽會歸來〉條。

10 按：西明治通即皇后大道西。

11 見《香島日報》，1943 年 1 月 13 日，〈香港新興事業，故衣店〉條。

12 見《香島日報》，1943 年 3 月 23 日，〈故衣〉條。

13 見《香島日報》，1943 年 1 月 13 日，〈香港新興事業，故衣店〉條。

14 見《香島日報》，1943 年 1 月 5 日，〈故衣業〉條。

15 見《香島日報》，1943 年 2 月 18 日，〈農曆新年後，故衣業益形冷淡〉條。

16 吳楚帆：《吳楚帆自傳》（香港：偉青書店，1956 年），上冊，頁 121。

17 陳君葆著，謝榮滾主編：《陳君葆日記全集》（香港：商務印書館，2004 年），卷二〈1941-49〉，頁 105、109。

18 周家建：〈日佔時期的經濟〉，載劉蜀永主編：《20 世紀的香港經濟》，頁 156。

19 見《香島日報》，1943 年 1 月 27 日，〈各地鹹魚出產・逐漸集中批發〉條。

20 劉智鵬、周家建：《吞聲忍語：日治時期香港人的集體回憶》，頁 293。

21 見《香島日報》，1943 年 1 月 25 日，〈新界行（一）〉條。

22 劉智鵬、周家建：《吞聲忍語：日治時期香港人的集體回憶》，頁 291。

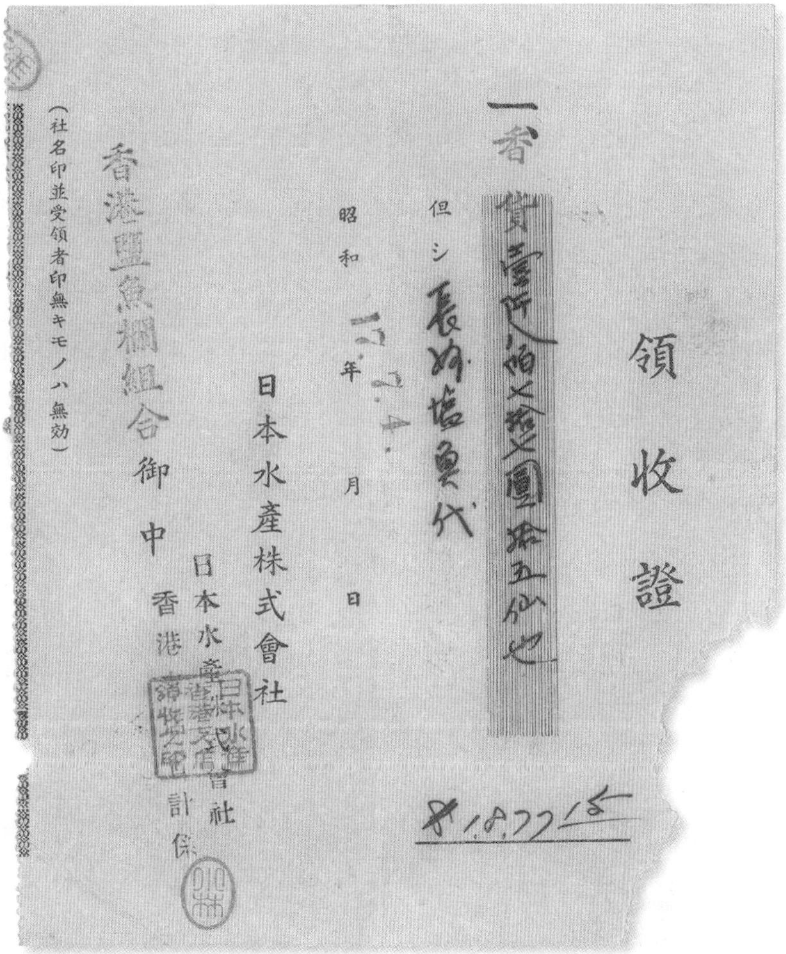
領收證

一 香貨壹仟八佰七拾七圓拾五仙也

但シ 長始塩魚代

昭和 17年 7月 4日

日本水產株式會社

日本水產株式會社 香港支店會計係

香港鹽魚欄組合 御中

（社名印並受領者印無キモノハ無効）

$1,877.15

一九四二年七月四日由「日本水產株式會社香港支店會計係」簽發給「香港鹽魚欄組合」的「領收證」。日佔時期，除部份日本企業在香港設立分行外，日治政府亦在香港施行「組合制」，將個別業界內的企業，以「組合」形式設立商會來統籌生產和買賣。

筲箕灣の戎克群
檢閱濟

㊨

日佔時期的長洲是香港與澳門之間貨運的中轉站，大量水客經此島嶼往返兩地。此外，長洲與鄰近島嶼的聯繫亦非常緊密，大嶼山及坪洲都非常依賴長洲供應食品。圖中右邊見到停泊了大批漁船。

㊧

停泊於筲箕灣海旁的「戎克」（即大帆船）。日佔時期，政府施行「組合公賣制度」，「筲箕灣戎克漁業組合」因此成立，漁船的出海物資，如燃料、桐油、鹽等，皆由其負責提供。

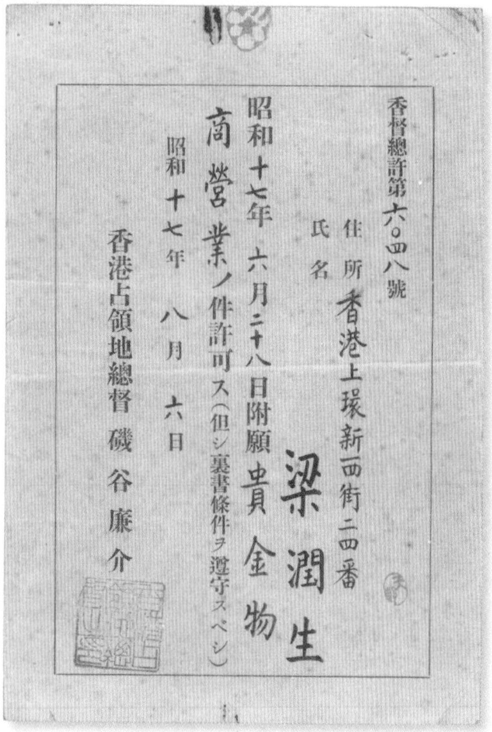

香督總許第六〇四八號

住所 香港上環新西街二四番

氏名 梁潤生

昭和十七年六月二十八日附願貴金物

商營業ノ件許可ス（但シ裏書條件ヲ遵守スベシ）

昭和十七年八月六日

香港占領地總督 磯谷廉介

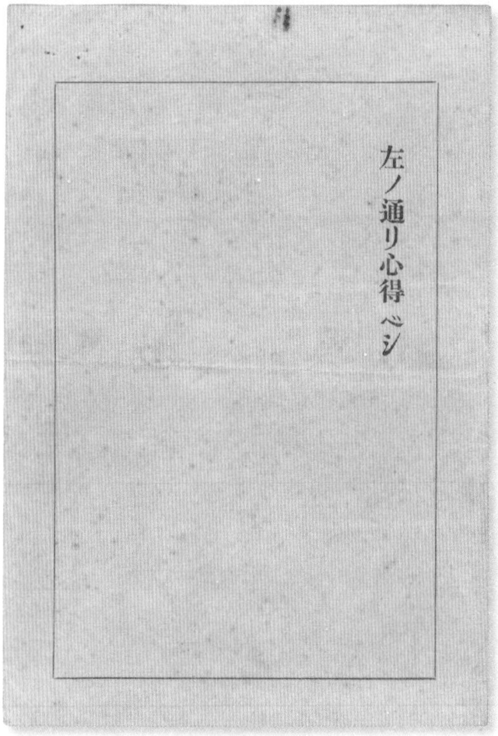

左ノ通リ心得ベシ

㊨ 營業證明書的背面，可供寫下調查備註。

㊧ 由「香港占領地總督」磯谷廉介簽發的編號「六〇四八」的營業證明書，內容詳列店舖地址、經營者姓名，以及業務種類。

㊨ 一九四二年刊登於報章的瑞興百貨公司廣告。日佔初期，各大華資百貨公司已紛紛恢復營業，而日資百貨亦相繼在香港成立分店。

㊧ 一九四二年十月二十六日刊登於報章的「惟他可」藥品廣告。「惟他可」是由香港新亞藥廠生產。

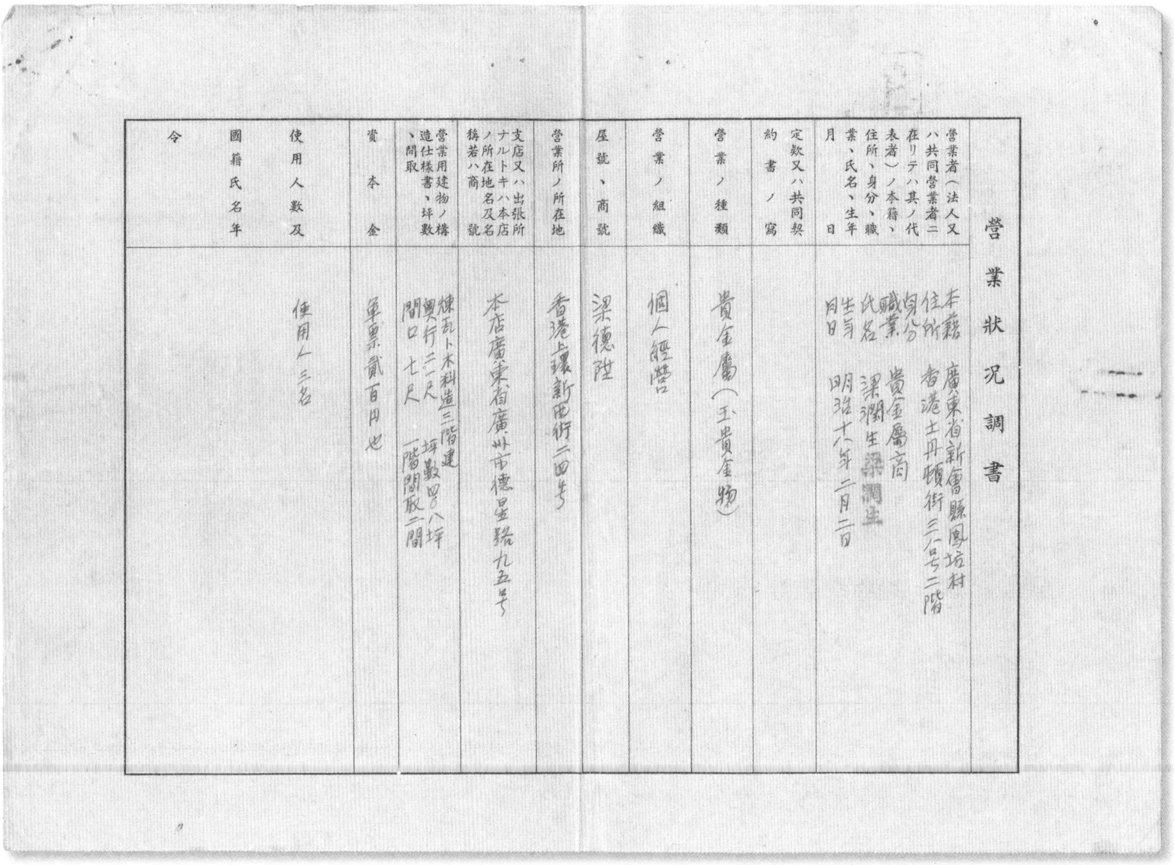

營業狀況調書

營業者（法人又ハ共同營業者ニ在リテハ其ノ代表者）ノ本籍、住所、身分、職業、氏名、生年月日	本籍 廣東省新會縣鳳圻村 住所 香港士丹頓街三〇号二階 身分職業 貴金屬商 氏名 梁潤生 梁潤生 生年月日 明治十八年二月二日
定款又ハ共同契約書ノ寫	
營業ノ種類	貴金屬（玉貴金物）
營業ノ組織	個人經營
屋號、商號	梁德陞
營業所ノ所在地	香港上環新街二四号
支店又ハ出張所ナルトキハ本店ノ所在地名及名稱若ハ商號	本店廣東省廣州市德星路九五号
營業用建物ノ構造仕様書、坪數、間取	煉瓦ト木料造三階建 奥行二〇尺 坪數四〇八坪 間口七尺 一階間取二間
資本金	軍票貳百円也
使用人數及國籍氏名年令	使用人三名

日佔時期的「營業狀況調書」，登記事項包括經營者的姓名、籍貫、住址、出生日期、業務種類及公司架構。

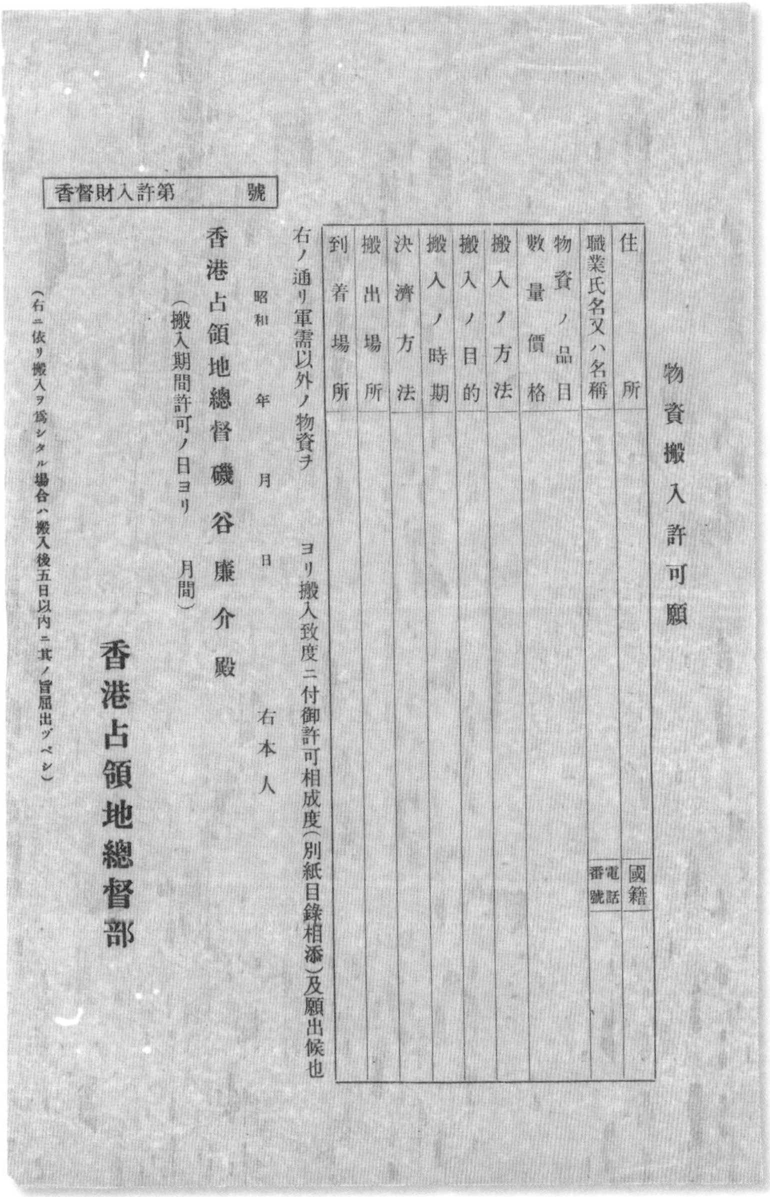

物資搬入許可願

住所	國籍
職業氏名又ハ名稱	電話番號
物資ノ品目數量價格	
搬入ノ方法	
搬入ノ目的	
搬入ノ時期	
決濟方法	
搬出場所	
到着場所	

右ノ通リ軍需以外ノ物資ヲ　ヨリ搬入致度ニ付御許可相成度（別紙目錄相添）及願出候也

昭和　年　月　日　右本人

香港占領地總督磯谷廉介殿

香督財入許第　號

（搬入期間許可ノ日ヨリ　月間）

香港占領地總督部

（右ニ依リ搬入ヲ爲シタル場合ハ搬入後五日以内ニ其ノ旨屆出ヅベシ）

日佔時期的「物資搬入許可願」。因處於戰時狀態，日治政府對物資進出口有所限制，因此施行嚴密監控，表格上須清楚列明申請人的姓名、地址、國籍、電話號碼、商店名稱、物資種類及價格。此外，亦須登記物資搬運的日期、目的、方法，繳款方法，以及場所。

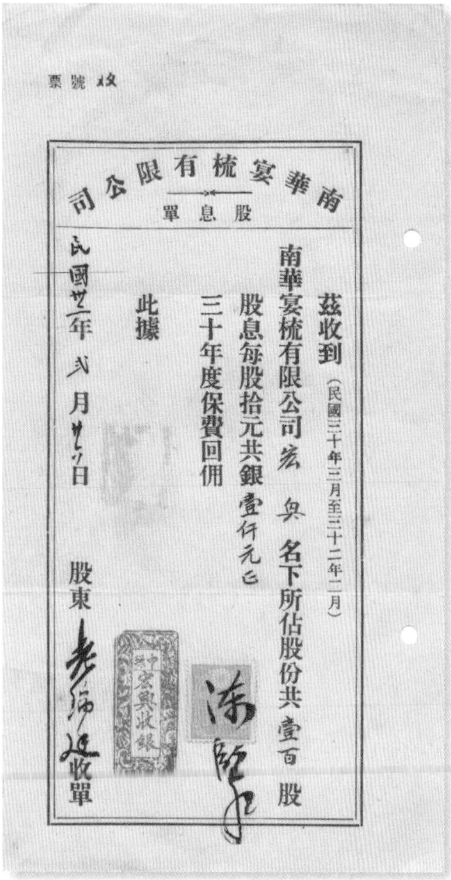

票號玖

南華宴梳有限公司

股息單

茲收到（民國三十年三月至三十二年二月）

南華宴梳有限公司宏 與 名下所佔股份共壹百股

股息每股拾元共銀壹仟元正

三十年度保費回佣

此據

民國卅二年 弍 月 廿六日

股東　　　　收單

㊨ 一九四三年刊登於《香島日報》的「安的亞平」藥品廣告。廣告中「戒烟專藥」的「烟」是指鴉片。

㊧ 一九四三年二月二十六日簽發的南華宴梳有限公司股息單。該公司成立於一九一六年，是香港早期華資保險公司之一，創辦人是著名紳商鄧志昂。

儘管市面蕭條，不少市民三餐不繼，但香煙仍是十分暢旺的消費品。圖為「香港煙草廠」的工人正在生產香煙。

㊤ 日佔時期，政府為求有效地控制經濟發展，以公賣制度來控制批發和零售。圖中是一間名為「柏記」的指定香煙小賣商店。

㊦ 街頭擺賣的路邊攤檔在日佔時期非常普遍。

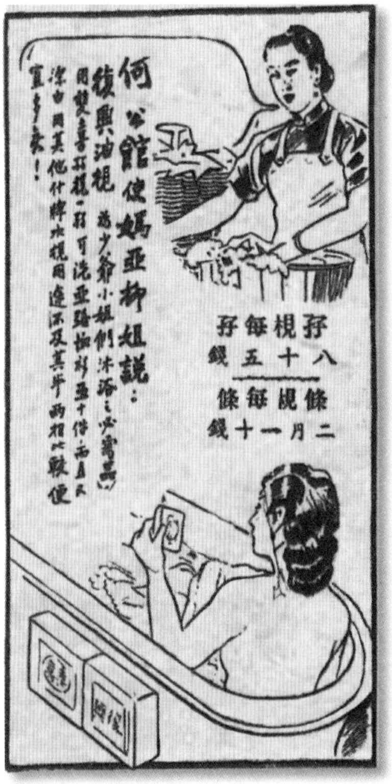

㊨ 一九四三年刊登於《香島日報》的「復興油梘」廣告。

㊧ 一九四三年刊登於報章的「二友牙膏」廣告。日佔初期，部份輕工業已局部恢復生產。

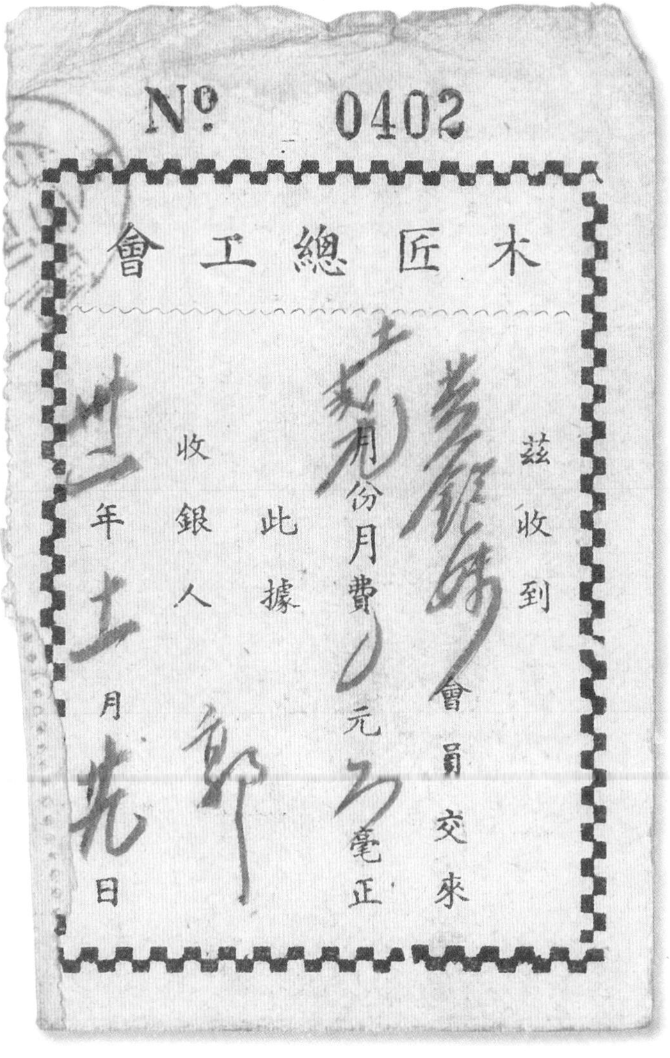

編號「0402」的木匠總工會會員繳交月費收據。繳費日期為一九四三年十一月二十九日。

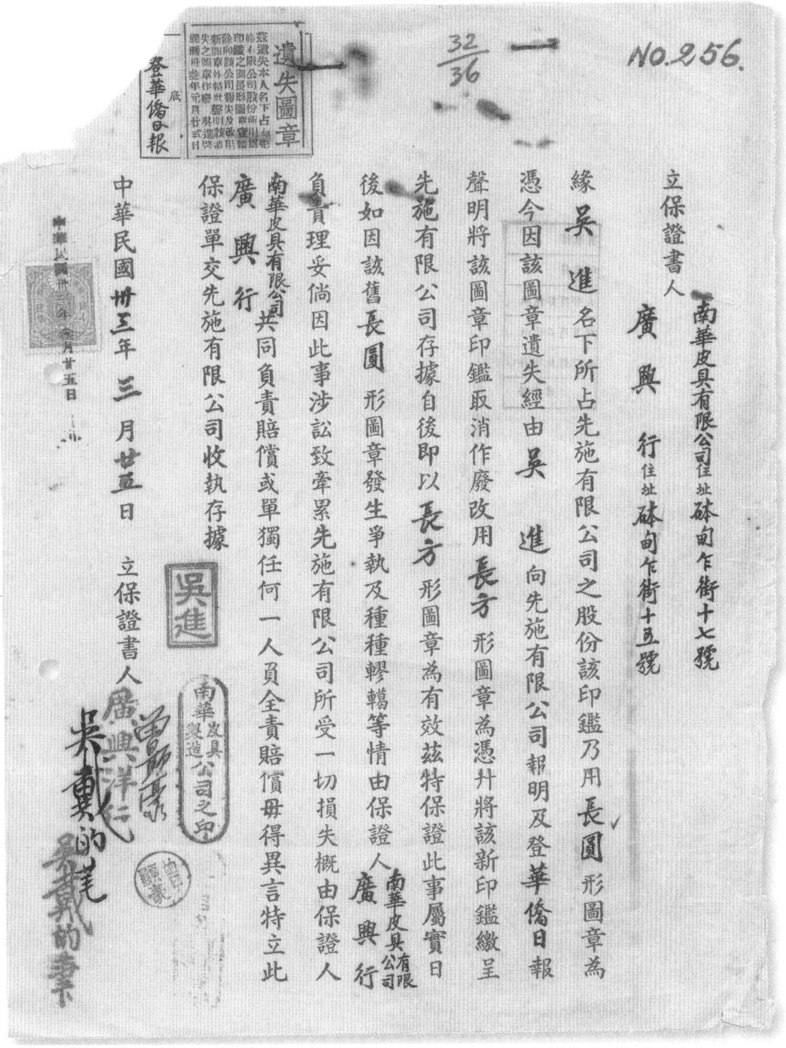
NO.256.

32/36

遺失圖章

登華僑日報

立保證書人南華皮具有限公司住址砵甸乍街十七號

廣興行住址砵甸乍街十五號

緣吳進名下所占先施有限公司之股份該印鑑乃用長圓形圖章為

憑今因該圖章遺失經由吳進向先施有限公司報明及登華僑日報

聲明將該圖章印鑑取消作廢改用長方形圖章為憑廾將該新印鑑繳呈

先施有限公司存據自後即以長方形圖章為有效茲特保證此事屬實日

後如因該舊長圓形圖章發生爭執及種種轇轕等情由保證人南華皮具有限公司廣興行

負責理妥倘因此事涉訟致牽累先施有限公司所受一切損失概由保證人

南華皮具有限公司廣興行共同負責賠償或單獨任何一人負全責賠償毋得異言特立此

保證單交先施有限公司收執存據

中華民國卅三年三月廿五日　立保證書人

一九四四年三月二十五日簽發的編號「256」的遺失印鑑證明書。遺失證明需要有兩名擔保人及在報章上刊登「遺失聲明」，並且要繳納印花作為憑證。

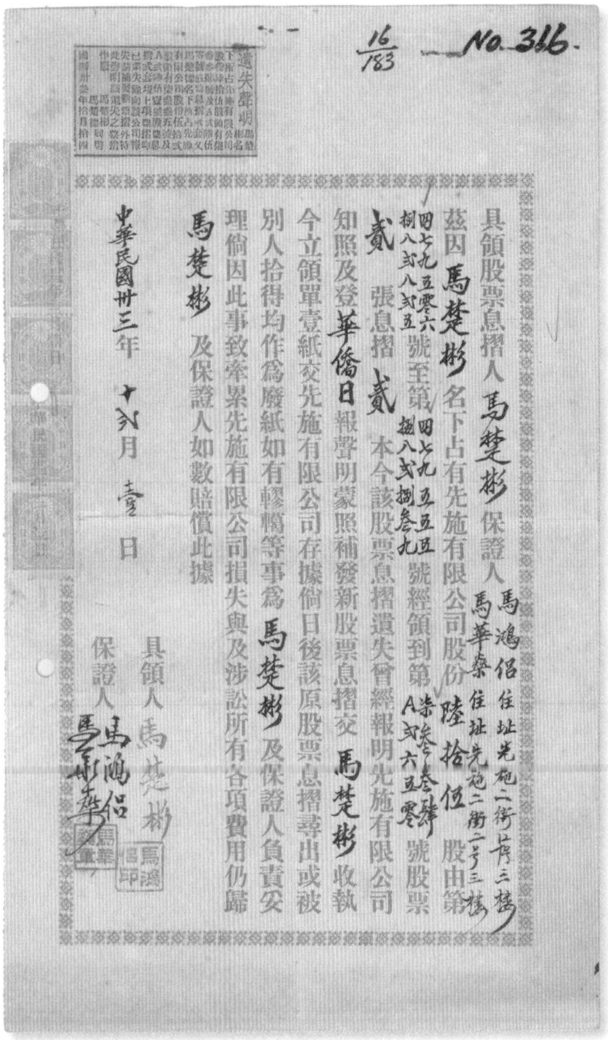

16/183 No. 316

遺失聲明

具領股票息摺人 馬楚彬 保證人 馬鴻侶 住址先施二街[illegible]三樓
馬華燊 住址先施二街二号三樓

茲因 馬楚彬 名下占有先施有限公司股份 陸拾伍 股由第 [illegible] 號至第 [illegible] 號經領到第 [illegible] 號股票 貳 張息摺 貳 本今該股票息摺遺失曾經報明先施有限公司知照及登 華僑日 報聲明蒙照補發新股票息摺交 馬楚彬 收執今立領單壹紙交先施有限公司存據倘日後該原股票息摺尋出或被別人拾得均作爲廢紙如有轇轕等事爲 馬楚彬 及保證人負責妥理倘因此事致牽累先施有限公司損失與及涉訟所有各項費用仍歸 馬楚彬 及保證人如數賠償此據

中華民國卅三年 十二月 壹日

具領人 馬楚彬
保證人 馬鴻侶 馬華燊

一九四四年十二月一日簽發的編號「316」的先施有限公司股票遺失證明書，內容是確定股票持有人持有的股票因遺失而失效。持有人須在報章上刊登「遺失聲明」，聲明該遺失的票摺作廢。股票遺失證明書亦要根據〈印花稅令〉規定，繳納印花。

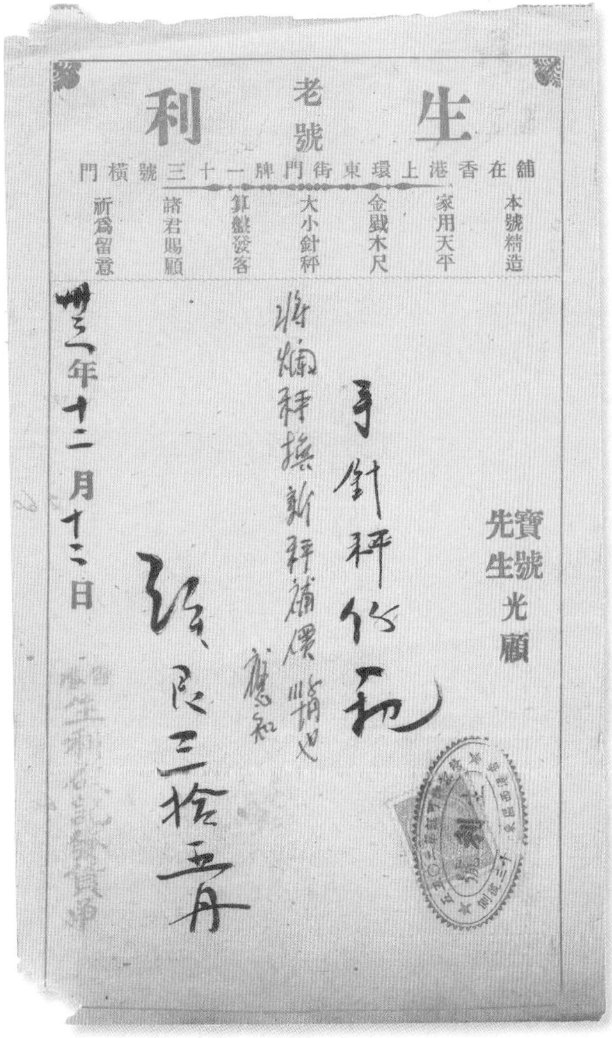
生利老號
舖在香港上環東街門牌一十三號橫門
本號精造
家用天平
金戥木尺
大小針秤
算盤發客
諸君賜顧
祈爲留意
寶號光顧
先生
年 月 日

一九四四年十二月十二日生利啟記的發貨單，貨品是手針秤一把，單內更註明顧客是「將爛秤換新秤」。根據〈印花稅令〉，此單因屬營業上之款項收單，因此須繳納十錢印花稅。

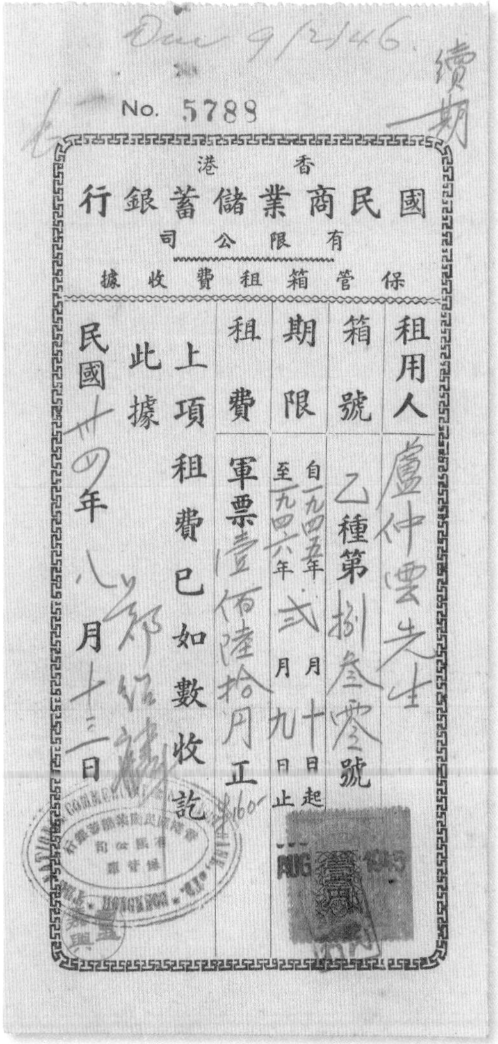

Dec 9/2/46.

續期

No. 5788

香港
國民商業儲蓄銀行
有限公司
保管箱租費收據

租用人	箱號	期限	租費
盧仲雲先生	乙種第捌叁零號	自一九四五年　月十日起 至一九四六年弍月九日止	軍票壹佰陸拾円正 $160

上項租費已如數收訖

此據

民國卅四年八月十三日

一九四五年八月十三日由香港國民商業儲蓄銀行有限公司簽發的「保管箱租費收據」，一年的租用費是一百六十元軍票。收據發出後兩天，日本宣佈無條件投降。

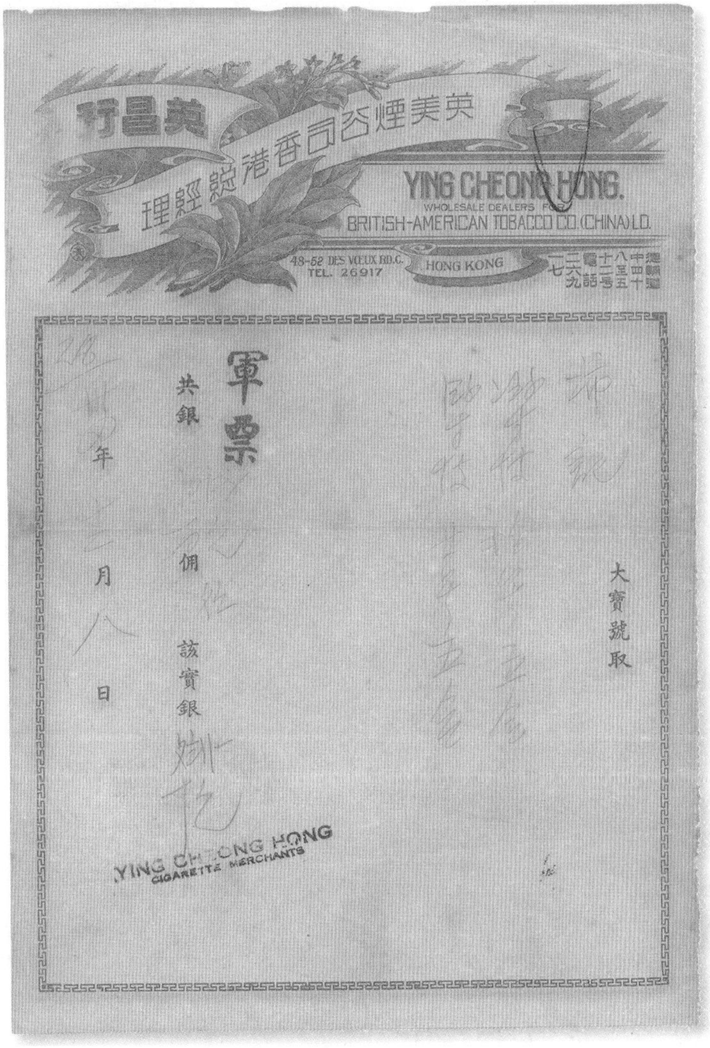

一九四五年十二月八日簽發的英昌行單據，單據上仍然蓋有「軍票」字樣。戰後初期，由於物資短缺，一些日佔時期的印刷品，依舊仍然使用。

02

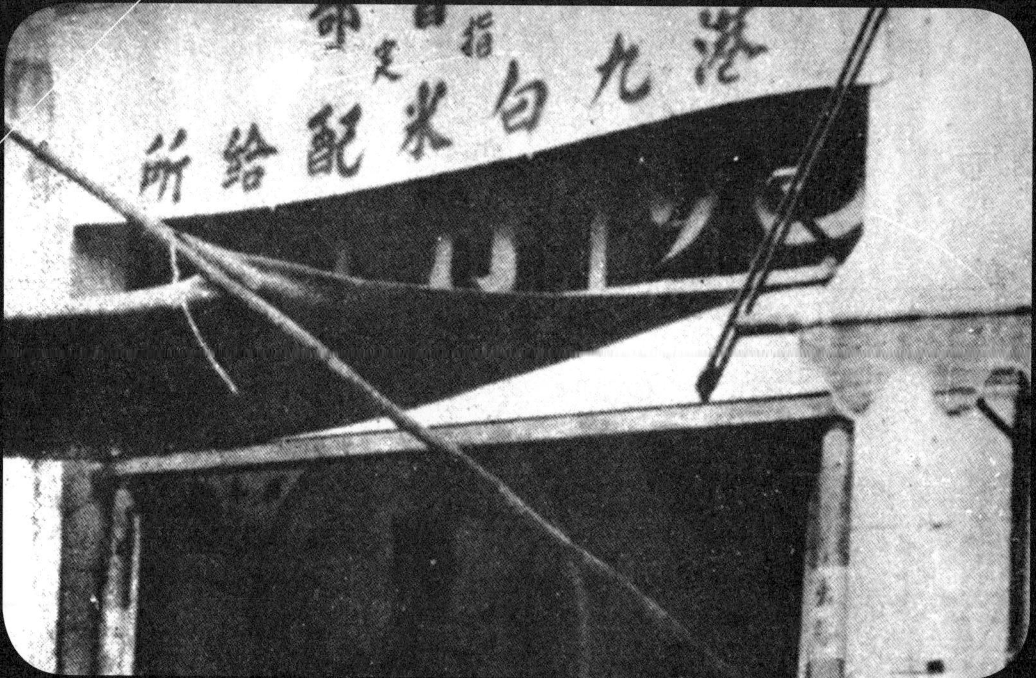

供應緊絀的
糧食物資

自 1938 年 10 月，日軍在大亞灣登陸、佔領廣州以後，香港的糧食供應已經呈現匱乏的情況。港英政府為了穩定主要糧食的供應及物價，實行了監控和配給措施，分別頒佈了《平衡糧食價格條例》和《必需品儲備條例》，增加糧食儲備數量之餘，亦防止商人操縱糧食價格。[1]

香港淪陷以後，市民日常生活中碰到的最大難題，就是物價飛漲，三餐不繼，特別是淪陷後期，更是「物價益復高漲，人心似更張皇」。[2] 當時，港九各區時常發生劫掠事件，著名報人薩空了（1907-1988）沿著荷李活道的小路上山時，就曾被匪徒截劫，幸虧身上沒有甚麼錢財而逃過一劫。[3] 餓死人的情境更是觸目皆是，香港大學中文學院教授陳君葆（1898-1982）就曾目擊，「連日以來路上每發見餓斃的市民，一個多禮拜前電車經過跑馬廳前，那裡卻躺著一個餓死已久的苦力，這種情形不圖竟出現於我眼前，不禁為之心酸一陣」。[4]

白米配給制度

白米是華人的主要食糧，淪陷初期更見珍貴，資深電影工作者盧敦（1911-2000）憶述淪陷期間米糧短缺情況時，說：

> 說起米，記得淪陷之初，一天〔吳〕楚帆二哥跑到我家邀我跟他一起，冒著寒風從九龍城，跑到尖沙咀他的朋友家裏，有一百多斤存米，無條件送些給楚帆，而楚帆就轉送一些給我，每人捧著二三十斤米又冒著寒風跑回家；從這件事就體現了我們粵語電影從業員之間真的是相濡以沫，患難相扶。[5]

在太平洋戰爭（1941-1945）爆發初期，農林水產省申明了日本政府對白米供應的立場：（一）朝鮮、台灣和滿洲為日本的主要供應地；（二）糧食不足地區，包括香港、華中地區、菲律賓、馬來亞、星嘉坡和爪哇，則由泰國、越南和緬甸供應。[6] 正因如此，為求貫徹日本政府的方針，日治政府在香港實行「計口授糧」的白米配給制度。根據「計口授糧」的方針，由「民治部」按照戶口向市民發出「普通購米票」，規定每人每天只可以配給四両白米，價錢為每斤二十錢，後來配給量增加至六両四錢。[7]

日常的白米配給工作是由「總督部指定港九白米配給所」負責。由於糧食供應有限，「白米配給所」最初的數目很少，大概每區只有一至兩家。隨著社會秩序穩定後，至 1942 年中旬，港九各區的「白米配給所」已增加至一百多家，「輪米」成為了香港市民在日佔時期的生活中最有代表性的寫照。

隨著日軍在太平洋地區的戰事節節敗退，日佔地區的航運受到盟軍重創，補給線被切斷，供應香港的白米亦隨之日減，日治政府只能進口「米碎」以應急，然而，這是一種劣質的米糧，沒有多少營養價值。從 1942 年 8 月 24 日至 9 月 14 日，香港市民獲得配給的都是「米碎」。後來，甚至出現延發「米證」的情況。梁秀蓮憶述當時的情景時，說：

> 米糧正式配給時，就只有「六両四」的分量，要用錢買的，還要排隊。而且拿回家的都是倉底米，不能煮成飯的。有時拿到的是糯米，只能煮成糊狀，還有很多穀牛，根本吃不下。「輪米」沒有分米的種類。派到甚麼米你就要拿甚麼米。當時有成千上萬人捱餓，輪一個早上就能輪到米已經很好了。[8]

到了 1943 年 2 月以後，每人每月只獲配給糙米十二斤、麵粉六両，而且價錢上漲了一倍有多。[9] 在這種情況下，日治政府曾嘗試配給豆類以代替白米。

「白米配給所」的運作模式，造就了白米小商販的出現。1942 年 4 月，香港米商更從泰國直接進口白米，嘗試解決白米供應不足的問題。1943 年 11 月下旬，香港八大米商與七大雜糧商共同組織了「香港民食協助會」，由商人胡文虎（1882-1954）出資五十萬元組成並擔任會長，負責對外採購各類糧食，並通過設立「中僑公司」，以香港華商的資本，在泰國、越南等地購買白米進口香港。這些從泰國、越南等地入口的白米，一半需要交予日治政府作配給之用，另一半則會交予會員、合作社等組織發售，其價錢為每斤三元軍票，比市面的白米較為便宜。[10]

雖然白米的來源途徑增多了，但普羅大眾仍然是生活在缺糧的恐慌之中，白門秋生的〈煮粥詩〉就記載了當時的情況：

> 近來每日兩餐，改吃一餐飯一餐粥的人很多。吃粥可以省米，而且也易飽〔雖

然也易餓〕，同時更容易消化，不致得胃病。古人有一首煮粥詩。便是從哲理上談吃粥與吃飯是一樣的，雖然寒酸氣滿紙，但是也足為吃粥者解嘲。詩如下：「煮飯何如煮粥強，好同兒女熟商量，一升可作三升用，兩日堪為六日量。有客只須添水火，無錢不必問羹湯。夏言淡薄少滋味，淡薄之中滋味長。」[11]

1944年4月15日，日治政府宣佈停止配米，因為他們認為米商從廣東、澳門和廣洲灣直接進口白米，並准許米商自由買賣，已能滿足市民的需求。再者，停止配米可加快香港「自給自足」的步伐。

副食品配給制度

日佔時期，糧食配給亦包括糖、鹽、麵粉、黃豆等。如同食米一樣，日治政府為了有效地統制物資分配，市民必須持有「糧票」才能獲得配給，而每位市民只獲得定額數量。以食油為例，日治政府計算出每人每月約需要食油零點六斤，砂糖的個人月耗量則為零點三斤。於是，日治政府向油商和糖商分別每月發放六十萬斤食油和三十萬斤砂糖，以應付一百萬人口的需求。在配給制度下，市民須自行前往「總督部指定糖商組合配給所」和「總督部指定油商組合配給所」等地方購買。當時香港共有「油商組合配給所」五十家，「糖商組合配給所」則約有四十七家。

糧油配給仍是使用「戶口冊」制度，是以街道劃分，按日配給。最初依照「米票」人口，每人每月的配給量是九両六錢。配給由「油商組合」統籌，分轉給小商販出售。「戶口冊」內詳列持票戶主的「姓名」、「住址」、「米票號碼」、「人數」、「配油量」、「期數」。[12]未施行「戶口冊」制度前，市民是憑「米票」的末尾處到小商販處領取配給，並蓋印以資識別。但「戶口冊」制度能杜絕多取食用油者，而政府亦能有系統地記錄，小商販就更容易控制配給。[13]

然而，由於糧油等物資的存量不足以應付市民需求，故此配給制度並未能長期維持，在供應不足的情況下，市民只能以高價向小商販及商店購買糧油。

魚農業食品

日佔時期，肉類供應同樣缺乏，主要原因是肉類多被運往前線作軍糧。另外，香港與鄰近地區的糧食貿易以蔬菜及魚類為主，肉類供應更是奇貨可居。其中豬肉和牛肉的供應往往隨著戰況轉變，因運輸困難而影響供應。由於肉食缺乏穩定供應，市民只能飼養家禽或小動物，以解決肉食不足的問題。

相對於紅肉類，魚類的供應並沒有受到很大的影響。香港淪陷後不久，日治政府已經鼓勵漁民出海作業。日治政府以統營方法來控制魚類供應。漁民自身的糧食供應，與陸上市民大致相同，同樣享有「六両四錢」的米糧供應。但漁民的機動性較陸上市民強，因為他們相對較易取得漁穫作為糧食。為了進一步推動香港的漁農業生產，以解決白米和副食品供應不足的困局。「戎克漁業組合」紛紛在港內的主要漁業產地相繼成立：筲箕灣、油蔴地、長洲、大澳、大埔、蒲台、荃灣和青山。日治政府意圖透過「組合制」來增加漁農生產及控制供應。[14]

「漁業組合」為區內漁民提供組合性指導。各區的「漁業組合」負責辦理該區漁業，包括指揮漁民生產、整頓漁業機構，以使漁業生產率得以提高。為求達到生產指標，「漁業組合」亦會為漁民提供日用品配給，如燃料、桐油、鹽等，而配給數量則是與生產量掛鉤的。為求生產達到指標，大型漁船每十天獲配給燃料十五斤、桐油七斤、鹽六百斤。而「罟仔」（即魚網）的配給，則根據魚穫多寡來決定配給數量。

1942 年下旬，「民治部」提出以振興水產業來復甦香港經濟的想法。計劃是引入日本水產業在香港發展，並且鼓勵主要以帆船作業的香港漁民積極生產，甚至協調在本港四周水域的日本海軍保護漁船作業。

農業方面，日治政府注意到元朗、粉嶺和大埔一帶有不少農地，於是鼓勵當地的農民努力增產。位於元朗的多個大型農場所生產的蔬菜、瓜果等農產品，都以供應香港市場所需為主。由日治政府直接管理的大埔農場採用改良種植方法，曾計劃在三年內增加該處果園的生產至原來的兩至三倍。[15]

1943 年 6 月，日治政府將石崗軍用機場開發成為農場，生產蔬菜以供應香港市場，並在上水設立「農業指導所」和派遣農業專家指導農民改良耕作方法，致力推動新界地區的農業生產。同時，又鼓勵農民到新界各處無人耕作的土地墾荒，盡量提升土地的生產力。

農業商貿方面，「區政所」因應農作物的收成期，設立「蔬菜荷集組合」，以統營的方式建立農產品銷售網絡，以便控制價格。另外，各區更成立「農民合作社」，以便監管農業生產及質量。同時，設立製煙工場為香港供應零售香煙，而本地也有酒商自行釀造酒類來供應市場。

1943 年 4 月 14 日《香島日報》內〈香港的清晨〉一文，或許能提供當時市場的寫照：

> 市場的燈，又再亮了。一陣清脆的木屐聲走來走去，正是開市的時候。門已經開放，魚肉菜蔬，這些日中市民的食料，從各方面車的車，扛的扛，都集中到那裏去。顧客，在這個時候還是少見，但是，市場的各個部門的工作者和商販，他們都是忙於準備一天的貿易。[16]

黑市買賣：無可奈何下的選擇

早在香港保衛戰爆發前夕，香港市面就已經出現了黑市米。當戰事發生以後，黑市米就更加猖獗了。當時黑市米價跟官價已相差兩倍以上。港英政府規定一元可以買到白米七斤，但黑市買賣一元只可以買到白米兩斤。雖然黑市米的價錢昂貴，但白米仍然是供不應求。[17] 隨著日軍佔領香港，黑市的糧食物價亦越來越昂貴，據陳君葆教授記載，1943 年 8 月下旬，「黑市米漲至三円貳，番薯漲至一円十錢」，到了 1944 年，黑市米價更升至十円以上，蕃薯亦漲至每斤二円四十錢。[18]

日軍佔領香港以後，採取統制形式來限定白米的價格，也藉此控制白米的供應量。結果，官方訂定的米價遠低於鄰近地區市場的米價，加上供應量不足，有些人得到米、麵粉和其他糧食之後會轉賣出去，黑市買賣的活動便應運而生了。

日治政府對於黑市買賣的活動曾採取了打擊及取締的措施，但在糧食不足的情況下，並沒有顯著成效。一般市民為了解決三餐溫飽，在能力許可下，亦願意購買黑市糧食。這種做法雖然有冒險成分，但總比到米站去「輪米」方便得多。

結語

日佔初期，香港市民普遍生活在飢腸轆轆的環境下。當局為解決糧食不足的問題，曾在不同時期施行了不同的措施，包括糧食配給，規定食米、副食品、油、糖等，皆需要根據戶口登記才能領取等。另外亦鼓勵漁民及農民增加生產，從日本和台灣聘請農業專家來港指導農民耕作，積極開墾荒地和採用「組合制」來指導生產。[19] 與此同時，亦批准商人分階段從境外輸入白米及其他糧食。

然而在日佔的三年零八個月期間，糧食供應問題始終沒有得到徹底解決，排隊輪候配給或購買黑市米糧，成為了當時升斗市民日常生活的一部份。即使日治政府打著振興香港漁農業的旗幟，但成效不彰，廣大市民仍需要為一頓飯而惆悵。

註釋

1 鄭宏泰、黃紹倫：《香港米業史》（香港：三聯書店，2005 年），頁 76。

2 陳君葆著，謝榮滾主編：《陳君葆日記全集》（香港：商務印書館，2004 年），卷二〈1941-49〉，頁 298。

3 薩空了：《香港淪陷日記》（北京：三聯書店，1986 年），頁 141。

4 陳君葆著，謝榮滾主編：《陳君葆日記全集》，卷二〈1941-49〉，頁 109。

5 盧敦：《瘋子生涯半世紀》（香港：香江出版社，1992 年），頁 159。

6 "Greater East Asia Food Plan." *Hongkong News*, 30 January, 1942.

7 鄭宏泰、黃紹倫：《香港米業史》，頁 97。

8 劉智鵬、周家建：《吞聲忍語：日治時期香港人的集體回憶》（香港：中華書局，2009 年），頁 228。

9 見《華僑日報》，1943 年 4 月 14 日，〈米油糖．最近配給情形〉條。

10 見《華僑日報》，1943 年 12 月 31 日，〈香港民食協助會公告〉條。

11 白門秋生：〈時代詩話〉，《寫真情報》，一卷一期（1943 年 10 月 14 日），見於盧瑋鑾、鄭樹森主編，熊志琴編校：《淪陷時期香港文學作品選：葉靈鳳、戴望舒合集》（香港：天地圖書，2013 年），頁 54-55。

12 見《香島日報》，1943 年 4 月 21 日，〈改善食用油配給．設「戶口冊」制度〉條。

13 見《香島日報》，1943 年 4 月 22 日，〈戶口冊配給制度〉條。

14 筲箕灣戎克漁業組合：《新香港漁民：筲箕灣戎克漁業組合成立一週年紀念特刊》（香港：筲箕灣戎克漁業組合，1943 年），頁 19。

15 "The Inauguration Ceremony of the Agricultural Training Institute." *Hongkong News*, 25 November, 1943.

16 見《香島日報》，1943 年 4 月 14 日，〈香港的清晨〉條。

17 "Prices of Cigarettes." *Hongkong News*, 5 January, 1943.

18 陳君葆著，謝榮滾主編：《陳君葆日記全集》，卷二〈1941-49〉，頁 194、236、264。

19 見《華僑日報》，1942 年 6 月 11 日，〈港九新界名流組織．農村開發組合〉條。

圖為「總督部指定港九白米配給所」。日治政府實行「計口授糧」的配給方法，規定每位市民限量購買配給的「六兩四」食米。

九龍居民
購米須知
卅日不購
不能補配

(特訊)九龍半島爲期與本港劃一配給米糧日期。昨廿七日配給之米票。已實行加配一天。惟廿九日末次之米。至遲於卅日須要購領。逾此期限。不得補配。昨日九龍白米配給聯合辦事處特通告各米站遵照辦理云。『爲通告事。查十九期(九月份)第十次配給米糧增配一天。共四天。經奉諭通告在案。現復經奉九龍地區諭。爲劃一配給起見。第十九期九月份第十次第三日廿九日購米者。務宜依期的購。否則補購日期祗限至九月卅日止。逾此期限。則該米票不得補配。

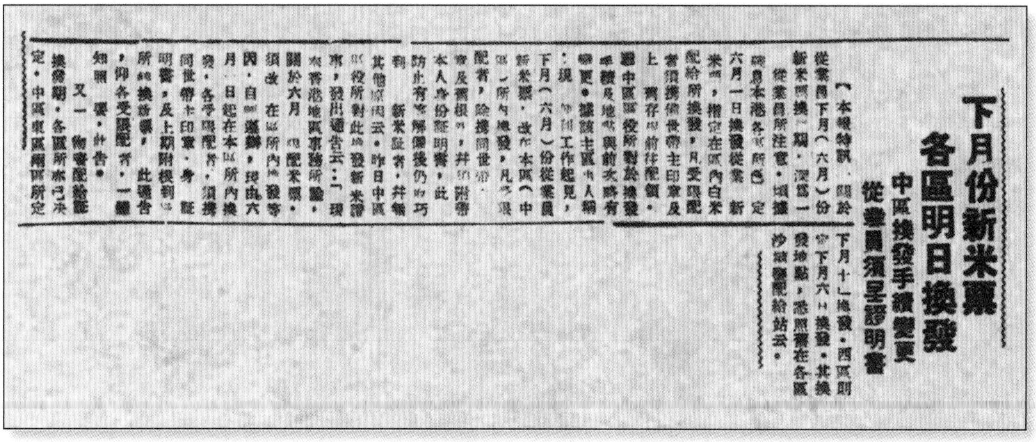

下月份新米票
各區明日換發
中區換發手續變更
從業員須呈證明書

【本報特訊】關於從業員下月(六月)份新米票換[illegible]期,[illegible]一從業員所注意。頃據[illegible]本港各[illegible]所[illegible]定六月一日換發從業 新米票,指定在區內白米配給所換發,凡受[illegible]配者須携備世帶主印章及上[illegible]存以前存配領。署中區區役所對於換發手續及地點與前次略有變更。據該主區[illegible]人稱:現[illegible]工作起見,下月(六月)份從業員新米票,改在本區(中區)所內換發,凡[illegible]配者,除携同世帶[illegible]及票根外,并須附帶本人身份證明書,此防止有[illegible]弊後仍[illegible]巧[illegible]新米証者,并報其他原因云。昨日中區[illegible]役所對此[illegible]發新米證事,發出通告云:「現[illegible]香港地區事務所諭,關於六月[illegible]配米票,須改在[illegible]所內[illegible]發等因。自[illegible]遵辦,現由六月[illegible]日起在本[illegible]所內換發。各受[illegible]配者,須携同世帶[illegible]印章,身[illegible]證明書,及上期附[illegible]所[illegible]換新票,此通告,仰各受配者,一體知照,要,此告。又一 物[illegible]配[illegible]換[illegible]期,各區所亦已決定。中區東區兩區所定下月十[illegible]換發,西區則定下月六日換發。其換發地點,悉照舊在各區沙[illegible]配給站云。

(上)因應糧食短缺,日治政府在港九及新界不同地方設置配給站,市民需要在限定日期內到配給站購買配給。

(下)淪陷期間,市民需要持有米票,才能購買配給的米糧。米票上會列明購米日期、數量和價值。

食用油繼續配售至配戶領完爲止

昨尚有十餘家未配字椰油

市價米起而復跌 飲食店物品增價

各種雜糧市價亦略有變動

半島米飯市況

（上）副食品和糧油在日佔時期亦是配給物資，市民必須到區內的指定小賣商憑糧票購買。

（下）日佔時期，食物價格的波幅很大，報刊內常報導各類食物價格的升跌。圖為一九四四年一月十八日的《華僑日報》報導了米價被米商抬高圖利。

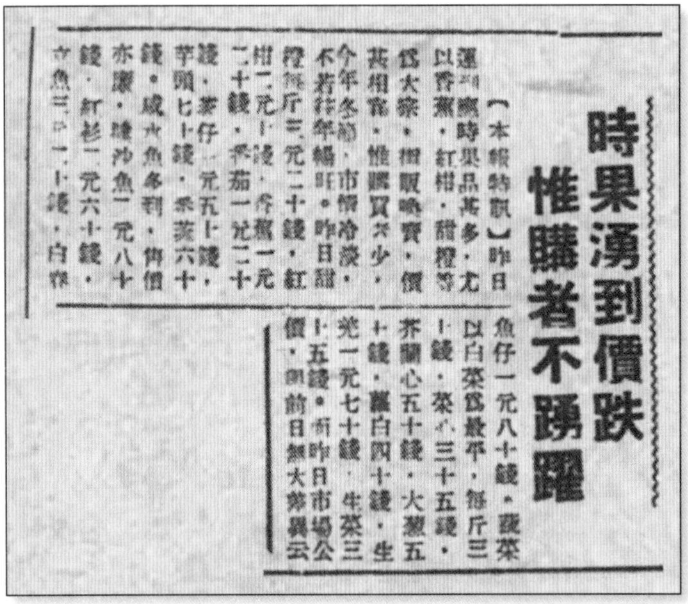

時果湧到價跌 惟購者不踴躍

【本報特訊】昨日運到應時果品甚多，尤以香蕉、紅柑、甜橙等爲大宗，攤販喚賣，價甚相宜，惟購買者少，今年冬節，市情冷淡，不若往年暢旺。昨日甜橙每斤三元二十錢，紅柑二元十錢，香蕉一元二十錢，番茄一元二十錢，姜仔一元五十錢，芋頭七十錢，番薯六十錢。咸水魚多到，但價亦廉，鯪沙魚一元八十錢，紅衫一元六十錢，立魚三元一十錢，白[illegible]魚仔一元八十錢。蔬菜以白菜爲最平，每斤三十錢，菜心三十五錢，芥蘭心五十錢，大葱五十錢，蘿白四十錢，生光一元七十錢，生菜三十五錢。而昨日市場公價，與前日無大差異云

㊤ 報刊報導市場貨品價格，從中可瞭解日佔時期仍有哪些食物可供購買。

㊦《南華日報》內一幅生果攤的漫畫。《南華日報》是南京汪精衛傀儡政權所辦的親日報紙。

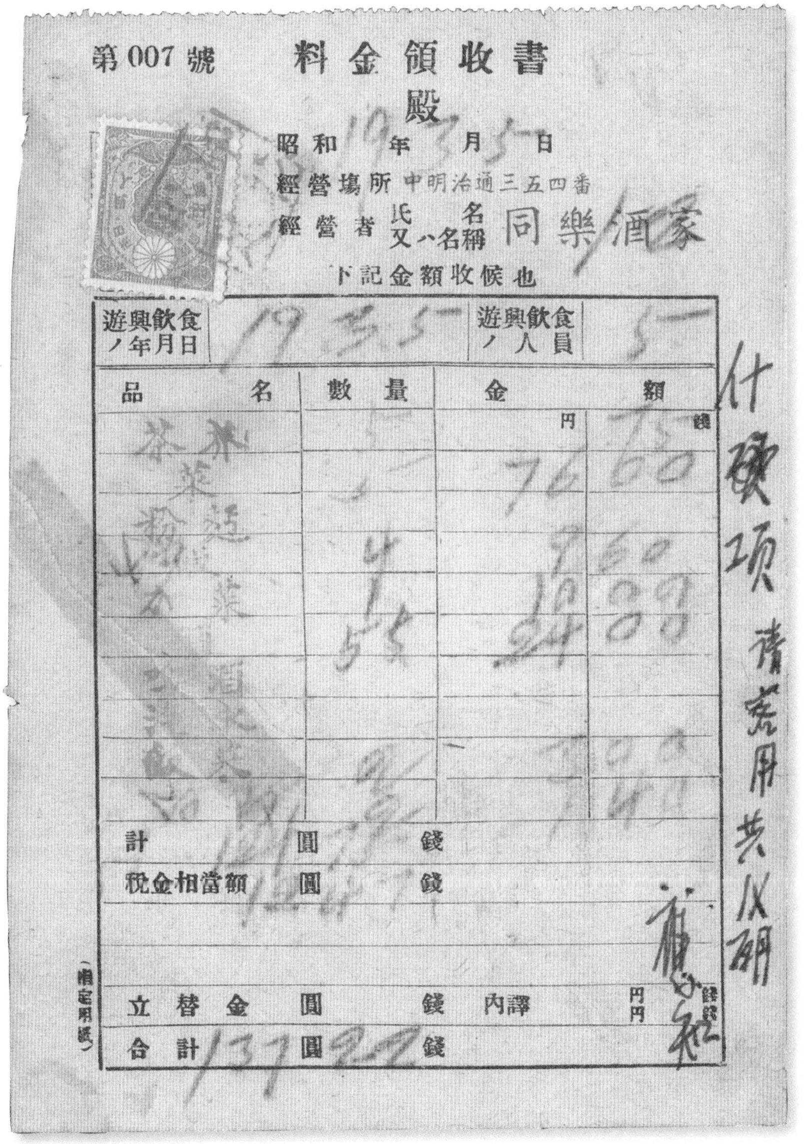
第007號　料金領收書

殿

昭和　年　月　日

經營場所　中明治通三五四番

經營者　氏名又ハ名稱　同樂酒家

下記金額收候也

遊興飲食ノ年月日		遊興飲食ノ人員	
品名	數量	金額 円	錢
計		圓	錢
税金相當額		圓	錢
立替金	圓	錢 內譯	円 錢
合計		圓	錢

（指定用紙）

一九四四年三月五日由同樂酒家簽發的單據。五人餐飲共消費一百二十四元軍票，另付「遊興飲食税金」十二元軍票。根據〈遊興飲食税令〉，「遊興飲食税金」為遊興飲食費百分之十，當中包括飲食費、座租、廳房租、藝妓的支出，而小賬與代支則不用徵税。

松原大酒店

慶祝香港陷落週年紀念

貢獻精美紀念大餐

自大東亞聖戰號砲爆發以來大日本皇軍於旬日之間即將英美號稱堅強根據地之香港占領誠自有世界戰史以來不可多覩之一頁蓋皇軍所向無不勢如破竹苟非精勇善戰難收如斯之偉大驚人戦果茲適佔領新生週年紀念並屆多節之期本酒店特備優良精美紀念大餐藉資慶祝如蒙各界仕女惠顧無任歡迎

松原大酒店啓

為「慶祝香港陷落週年」，「松原大酒店」推出紀念大餐。「松原大酒店」即戰前的告羅士打大酒店。

御宴會に
御食事
五階 日本料理
二階 喫茶部
經濟明朗な
實用的料理店
御氣輕に
御利用の程を！
御料理
珠江會館
香港八幡通・灣仔電車停留所前
電話
事務所 二七九三三
五階 二四〇五五番

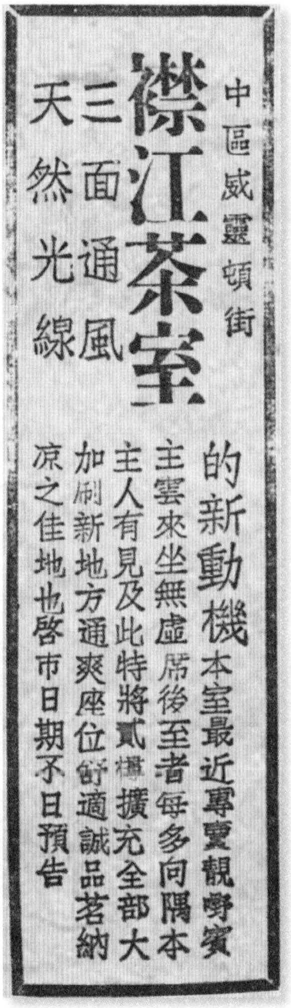
中區威靈頓街
襟江茶室
三面通風
天然光線
的新動機
本室最近專聘靚粵賓主雲來坐無虛席後至者每多向隅本主人有見及此特將貳樓擴充全部大加刷新地方通爽座位舒適誠品茗納凉之佳地也啓市日期不日預告

㊨ 位於中區威靈頓街的襟江茶室在《華僑日報》刊登廣告，表示因生意甚佳，因此將在二樓擴充業務。

㊧ 位於灣仔的「珠江會館」，設有「喫茶部」和「日本料理」，並兼營宴會。

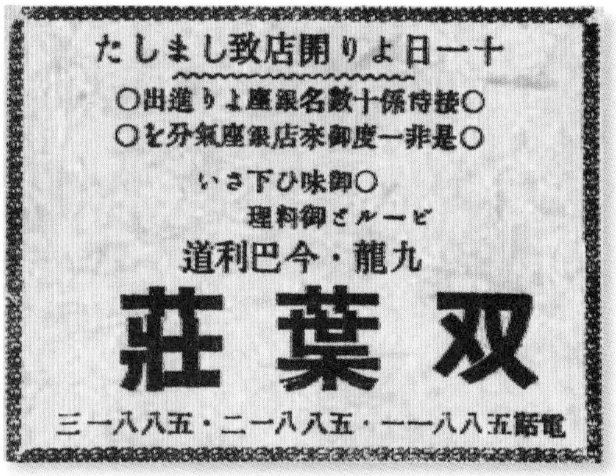

㊨ 《香港日報》（日文版）的「双葉莊」廣告。該店位於尖沙咀金巴利道，廣告內容是該店從日本東京銀座招聘了十多名招待，顧客必須來感受銀座氣氛。

㊧ 圖為日佔時期易名為「東京酒店」的六國飯店廣告。酒店內的食肆仍供應粵菜、西餐等餐飲服務。

「松原大酒店」在*Hongkong News*刊登廣告，標明地下樓層設有茶座。

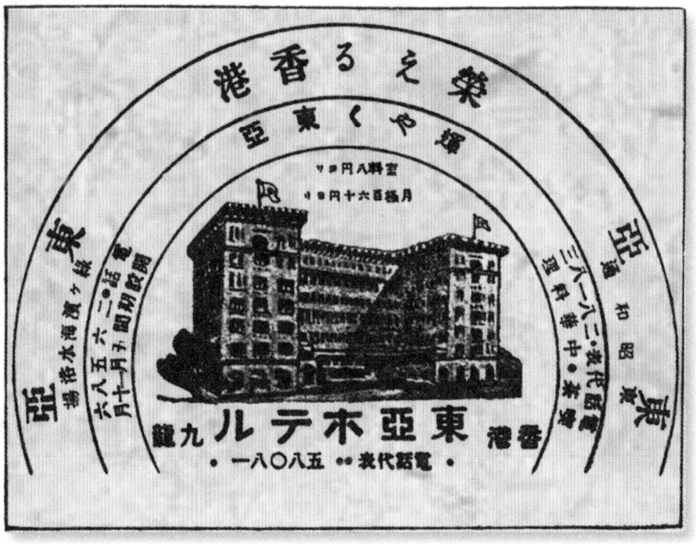

《香港日報》（日文版）的「東亞酒店」廣告。日佔時期，位於尖沙咀的半島酒店易名為「東亞酒店」，仍舊提供西式餐飲服務。

除白米外，砂糖供應亦受到日治政府監控，實行配給。圖為「香港精糖廠」的工人正在生產砂糖。

03

嚴密監控的
社區生活

香

為了解決糧食短缺，以及緩減人口壓力，令香港達致「自給自足」，日治政府決定執行「歸鄉政策」，實行軟硬兼施，強迫大量市民離港回鄉。

為了鞏固殖民政權和強化地區管治，日治政府在香港實行「分區制」和「鄰保制度」，依賴地區人士協助管治，同時推行戶籍登記制度，防止市民逃稅，並方便管理人口。

鼓勵市民歸鄉

為解決糧食不足問題，日治政府在香港推行了「歸鄉政策」，鼓勵香港市民離港回鄉，以圖減低對糧食的需求。1942 年 1 月，日軍佔領香港後成立的「軍政廳」宣佈實施「歸鄉政策」，目標是將一百六十多萬的人口減少至五十萬左右，並特地成立了「歸鄉指導委員會」，專門負責安排香港市民返回內地的家鄉。「軍政廳」又發動一批香港紳商組成了「香港善後處理委員會」，由著名華商羅旭龢（1880-1949）擔任主席，周壽臣（1861-1959）擔任副主席，處理包括「歸鄉」等一些重要事宜。1942 年 2 月，「香港占領地總督部」成立後，為了貫徹「軍政廳」實行的「歸鄉政策」，亦設立了「歸鄉事務部」作為統籌機構。

為勸喻香港市民返回家鄉，日治政府一方面透過傳媒大肆宣傳「歸鄉政策」，一方面以贈送米糧和安排客輪、列車接載歸鄉者等措施來利誘他們回鄉。市民離開香港前，須先得到日治政府發出的「渡船證」才能離開。1942 年上旬，被獲准歸鄉的市民的歸鄉路線主要分為陸、海兩路。返回台山、澳頭、寶安、唐家灣、淡水、石岐等地的「歸鄉客」，可以選擇乘搭由日治政府提供的免費輪船。至於從陸路離境的「歸鄉客」，則多沿著九廣鐵路北行，經沙頭角公路回鄉。[1] 其間，大量老弱婦孺因體力不支而在途中死亡。

淪陷時居於粉嶺的曾元帶憶述沙頭角公路上的「歸鄉客」時，說：

> 那些是從九龍步行來的歸鄉人士，淪陷後不久便看到他們步行歸鄉⋯⋯當我踏單車運送豬肉出九龍的時候，沿途有很多死屍，他們是餓死的。骨瘦如柴，甚麼年紀也有。[2]

除此之外，日治政府又會發動同鄉會、慈善機構、宗親會、工會及商會等民間團體協助組織大規模的「歸鄉團」，其中以同鄉會的角色至為重要。[3]

1942 年 7 月 28 日，首批免費歸鄉者被安排入住藏前區的房舍，[4] 29 日乘船離港前往唐家灣。首批歸鄉者獲准毋須前往「區役所」領取「歸鄉證」，而是直接前往任何一間「歸鄉事務所」辦理手續。位於藏前區的金陵酒家，被改為「歸鄉民第一宿泊所」，內附設「衛生課」的檢驗所及「歸鄉事務所」辦事處。歸鄉者前往「歸鄉事務所」申請時，必須要帶同「霍亂預防注射證」，並且由職員分批帶往衛生單位檢驗糞便及接種牛痘。30 日續開三條航線，分別前往江門、寶安、市橋。[5]

千方百計減少人口

「歸鄉政策」在日治政府大力推動下，短短九個月時間，香港人口由淪陷初期的一百六十多萬人銳減至九十七萬五千多人，減幅達百分之四十二。但與五十萬的指標仍然有一段距離。到了 1943 年下旬，因應香港的糧食供應緊張，日治政府再頒佈新政策，規定凡繼續留居本地的居民，一律要向政府申請「住民證」，並將無業者遞解出境，日軍就曾經將乞丐、流浪者、無業遊民約一萬人遞解出境。當時任職香港大學中文學院的陳君葆教授（1898-1982），就曾目擊日軍憲兵在「快活谷一帶毆拿遊蕩無業人民，用貨車運走，據說送到大嶼山或沙魚涌方面去」。[6]

到了 1943 年下旬，香港人口已銳減至八十萬。由此可見，在「歸鄉政策」和遞解無業遊民的措施雙管齊下後，香港人口數目迅速下降，至 1945 年 8 月日本投降時，香港人口只有約六十萬人。

缺乏互信的鄰里關係

為控制人口流動和有效地控制社會秩序，日治政府藉著監控戶籍和限制市民的自由來控制人口數量。[7]

日治政府將全港劃分為二十八個「區役所」，以便管治及實行某程度的自治，其中港島分為十二區，九龍分為九區，新界分為七區。[8] 各個「區役所」分別由「香港地區事務所」、「九龍地區事務所」及「新界地區事務所」管轄，各區「事務所」的工作包括戶籍登記。[9] 各個「區役所」由一位日籍人士主管，日常工作則由一位華籍所長和一位華籍副所長管理，下設六名至十名區役委員。「區役所」的其中一個職能，就是簽發「歸鄉證」。

日治政府又在每個社區推行鄰保制度，進一步監控市民的日常生活。[10] 鄰保制度屬於區政的組成部份，其目的是在鄰里之間起著輔助和監察的作用。鄰保制度主要著眼於民生的需要，大致可分為六項：（一）警務工作；（二）衛生工作；（三）節約工作；（四）互助工作；（五）防諜工作；（六）防空工作。鄰保班長就是推行區政的前線人員。[11]

鄰保制度屬於日治政府行政架構內最下層的行政機關，成立之初，只設立鄰保班長來負責小區內的行政事務。1943 年上旬，鄰保組織進行改革，增設組長來發揮上情下達的功能。當中央有行政指令需要執行時，地區事務所便會通令各區的鄰保班聯絡員，再由聯絡員通知鄰保班長，鄰保班長下達至組長，組長則負責通知各戶。1944 年 4 月，鄰保班進行了另一次變革，取消組長，增選班長，以進一步控制社區活動。班長代表是每十班推選一位為代表，每班的組織結構為五十戶。[12]

此外，日治政府為了保證稅收及統計人口，在統治初期推出了「家屋登錄」措施，即戶籍登記。據當年《香島日報》報導，「家屋登錄」於 1942 年 8 月 1 日開始實施，登記手續程序是：業主先往「家屋登錄所」購買一套「登錄表格」，包括申請書三張及署名鑑兩張。「登錄表格」收費為二十錢。填寫表格後，業主帶同契約及圖則前往「家屋登錄所」接受審查及登記。[13]

居住環境

日佔時期，普羅市民的主要居所，都是一些三四層高的「唐樓」。一般而言，這些樓宇每層設有一個至兩個單位。地下的單位多是商舖，有些更是「前舖後居」，商住都在同一個單位。樓宇的結構材料，除磚瓦外，亦使用大量木材來建造樓梯和門窗。在燃料短缺的環境下，不少空置房屋的木建材都被拆下來作柴薪之用。孩提時經歷淪陷歲月的陳銳珍憶述她在筲箕灣的生活時，說：「那時我家的是木樓梯，淪陷時期被偷了。那時整個社會也失了常規，貧苦大眾在沒有辦法的情況下，取走那些樓梯板當柴燒。我家在迫於無奈的情況下，搬往後一條街。」[14]

在「歸鄉政策」下，香港人口在短時間內大幅減少，房屋出現了供過於求的現象，以致市面上的空置單位觸目皆是，部份業權人為著空置樓房不被人侵佔，都願意以較便宜的租金租賃樓房。雖然租金比戰前便宜，但在經濟不景氣下，往往出現欠租的情況。在香港擁有堂產的東華三院，其部份營運經費是依靠堂產租項的收益。在 1944 年 7 月 12 日的東華董事局會議上，他們就討論過追討租金事宜：

> 〔十一〕東華醫院司理報告，普仁街九號四階住客何禮佳，欠租四個月，共銀拾六元。又九龍城南道八號二階，住客是飛機場富士組工頭，□入數月無交租。主席提議何禮佳欠租，限期壹個月內清繳，否則依法追數。並著查明富士組工頭姓名，再呈董事局議辦。其餘危樓多所，公推李少溪總理調查，再行核辦。眾均贊成通過。[15]

1942 年 6 月 20 日，香港大學中文學院陳君葆教授在日記中記載了這一天跟業主商討租金事宜：

> 他們的意思是要住客交納舊租一個月，計六十三元，由六個月起，每月租金改為五十元，我說五十元太昂〔貴〕，非現在能力所能繳納，我所能交大約三十五元左右，同時更希望不追舊租。[16]

淪陷期間，房地產買賣仍時有進行。不少人因為生活困苦，被迫把持有的物業出售，讓市場上仍具有購買能力的人承接物業，可見日治時期香港地產業仍然繼續運作。

淪陷時期的日常生活物資，以柴薪、食水、電力的供應最受市民關注。

柴薪供應方面，據著名報人薩空了記載，日軍佔領香港後，「一元港幣買不到十斤柴」，他曾目睹一些市民將上好的木製衣櫃，劈成柴枝作燃料之用。[17] 為了控制柴薪供應，日治政府規定柴薪跟白米一樣是以配給制度供應，並於 1942 年 7 月 1 日宣佈禁止買賣私柴，凡私自砍伐樹木或售賣黑市柴薪都是非法行為，並由新成立的「薪炭御商組合」負責主管柴薪買賣事宜，由政府每天提供一千百五擔柴薪，再交付「御商組合」批發給各大小經政府核准的商販出售。[18] 另外，由於戰時燃油短缺，柴薪成為主要的家用燃料，因此其價格亦受到政府規管。

食水供應方面，「香港保衛戰」發生之時，港九兩地的供水設施都受到不同程度的破壞，當中以石梨貝水塘的損毀最為嚴重，其次是位於西環的濾水池和油蔴地的配水庫。為儘快恢復供水，日軍佔領香港後三天，日軍已修復九龍地區輸水系統內的十八吋鐵管。1942 年 1 月中旬，部份濾水池和配水庫亦相繼恢復服務。[19]

雖然食水供應設施在短期內已得到復修，但仍供不應求，日治政府遂保留公眾街喉，為市民提供免費供水服務。1942 年，香港共設有一百二十個公眾街喉，但因日久失修，至 1943 年時只剩下九十五個。[20] 為了解決日常用水問題，部份市民只好依靠其他方法。孩提時經歷淪陷歲月的陳銳珍憶述她在筲箕灣的生活時，說：「家父與我在筲箕灣居住，主要是屋前有一口井。那口井主要用途是用於沖廁所，那處原是一間鞋舖。那口井在缺水的時候，總算有其用途。」[21]

香港缺乏天然淡水資源，主要是靠天然集水方式收集雨水引至蓄水庫作為日常用水。1944 年 12 月，「水道廠」因應節約用水，調整水費至一個月每一千加侖收費五元，逾額水費每增加一百加侖收費五十錢來迫使市民節約用水。[22]

電力供應方面，英軍投降前盡量破壞原有的電力基礎設施，以免落入日軍手中，當中發電廠亦是主要摧毀目標之一。香港淪陷前夕，負責供應九龍半島和新界地區電力的中華電力公司持有者嘉道理家族，便奉港府之命炸毀了位於紅磡鶴園的發電廠。羅蘭士・嘉道理（Lawrence Kadoorie, 1899-1993）憶述當時情況，說：

> 防務大臣打電話給我，要我前往九龍，下令炸毀發電廠。我抵達九龍後，登上一輛小巴士，首先把車開到中電辦事處，然後前往電廠，甫抵達電廠，便知道炸毀輪機的指令原來已經下達，加維洛夫〔George Gavtiloff〕負責執行，於是我便折返碼頭，趕上最後的一班小輪到港島……[23]

日軍佔領香港後，迅速修復港九兩地的供電設施，並委託「台灣電力株式會社」協助營運，使市面儘快恢復電力供應。1942年12月，「香港發電所」的七組發電機已能生產五萬五千千瓦電力，而「九龍發電所」的七組發電機則能生產三萬兩千千瓦電力。工作人員方面，員工包括日本人、英國人、華人和第三國人士。[24]

電力恢復後，市民生活亦漸漸恢復正常。隨著戰事逆轉，盟軍空襲轉趨頻繁，用於發電的原料供應缺乏，電力供應變得不穩定，磯谷廉介總督（1886-1967）便曾因此呼籲市民要節約用電。1943年5月5日，《香港日報》的社論便論及節省電力一事：

> ……照本港現時用電制度，係以十度為最低額，此項限額引起市民因不足額關係，而另尋方法用電，使其達至十度之數，或竟超過十度以上，造些情形確有存在。故將限額減低，使市民因節省納費而減去用電消耗之議，原屬針對之法。[25]

可見淪陷期間電力供應並未全面恢復，以致日治政府要多番呼籲市民節約用電。

結語

淪陷期間，日治政府推行的人口政策和分區制度，是企圖以行政手段來管治香港，以達致「自給自足」的經濟實體。為保證政府稅收及方便人口管理，一方面推行鄰里制度實行互相監察，一方面推行戶籍登記制度。

然而，香港市民的生活條件並沒有多少改善，柴薪、食水、電力的供應都沒法恢復到戰前的狀態。最終，日治政府成功將香港人口縮減至六十萬人，但沒多久，日本就宣佈無條件投降，香港社會亦已元氣大傷。

註釋

1 見《華僑日報》，1943 年 3 月 12 日，〈催促僑胞早作歸計〉條。

2 「曾元帶口述歷史訪問」，1996 年 6 月 14 日。訪問者：高添強，檔號：TYT。香港歷史博物館藏品。

3 見《香島日報》，1942 年 10 月 24 日，〈九江第五批歸僑・定期搭輪赴廣州〉條；1942 年 11 月 7 日，〈五邑聯辦僑眾歸鄉・鶴山邑僑首批成行〉條；1942 年 11 月 7 日，〈三水九江歸僑・昨今分批回籍〉條。

4 按：藏前區即石塘咀。

5 見《華僑日報》，1942 年 7 月 28 日，〈各線免費歸僑・第一日各區登記逾千〉條。

6 陳君葆著，謝榮滾主編：《陳君葆日記全集》（香港：商務印書館，2004 年），卷二〈1941-49〉，頁 80。

7 見《南華日報》，1942 年 6 月 21 日，〈華民代表勸告居民，從速居住申請〉條。

8 "Six District Bureaus formed in Kowloon." *Hongkong News*, 6 February, 1942.

9 見《南華日報》，1942 年 6 月 21 日，〈華民代表勸告居民，從速居住申請〉條。

10 見《華僑日報》，1943 年 1 月 7 日，〈鄰保班長之下・設立組長〉條。

11 見《華僑日報》，1942 年 11 月 18 日，〈鄰保制度及班長任務〉條。

12 見《華僑日報》，1944 年 4 月 9 日，〈五十戶為一班〉條。

13 見《香島日報》，1942 年 8 月 8 日，〈家屋登錄表填繳後，須待審查合格〉條。

14 「陳銳珍口述歷史訪問」，1995 年 7 月 6 日。訪問者：周家建，檔號：CYC。香港歷史博物館藏品。

15 《東華三院 1944 年 7 月 12 日第十八次董事局會議紀錄》。

16 陳君葆著，謝榮滾主編：《陳君葆日記全集》，卷二〈1941-49〉，頁 90。

17 薩空了：《香港淪陷日記》（北京：三聯書店，1986 年），頁 105、106。

18 見《香島日報》，1944 年 6 月 29 日，〈柴商明日召集・小賣商代表會議〉條。

19 周家建：〈淺談日治時期的《香港水道調查報告書》〉，《香港檔案學會通訊》，第四期（2003 年 4 月 30 日），頁 30-35。

20 何佩然：《點滴話當年：香港供水一百五十年》（香港：商務印書館，2001 年），頁 134。

21 「陳銳珍口述歷史訪問」，1995 年 7 月 6 日。

22 見《華僑日報》，1944 年 12 月 3 日，〈本月開始・改正水費〉條。

23 中華電力有限公司：《我家故事：香港社會發展回顧》錄像。譯文見於梁操雅主編：《匠人・匠心・匠情繫紅磡》（香港：商務印書館，2015 年），頁 19。

24 梅谷興正：《攻略後ニ於ケル香港》（香港：台灣銀行香港支店，1942 年 12 月），頁 10-18。

25 見《香港日報》，1943 年 5 月 5 日，〈節省電力及燃料〉條。

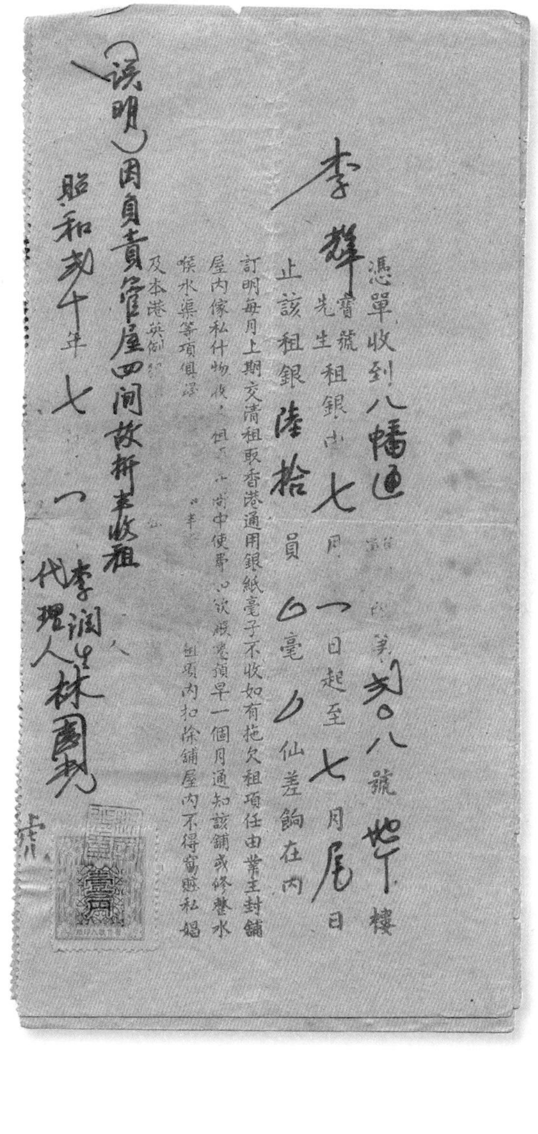

憑單收到八幡通第二〇八號地下樓

李輝寶號先生租銀由七月一日起至七月尾日

止該租銀陸拾員〇毫〇仙差餉在內

訂明每月上期交清租取香港通用銀紙毫子不收如有拖欠租項任由業主封鋪

屋內傢私什物[illegible]中便[illegible]欲搬遷須早一個月通知該鋪或修整水

喉水渠等項俱[illegible]租項內扣除鋪屋內不得窩賭私娼

及本港英例[illegible]

（說明）因自責管屋四間故折半收租

昭和廿年七月一日

代理人 李潤生 林國[illegible]

一九四五年七月一日簽發的租單。樓宇位置是八幡通（即莊士敦道及部份軒尼詩道）二〇八號地下，租金是六十元軍票。租金單上列明了租金是以香港通用銀紙毫子為本位。

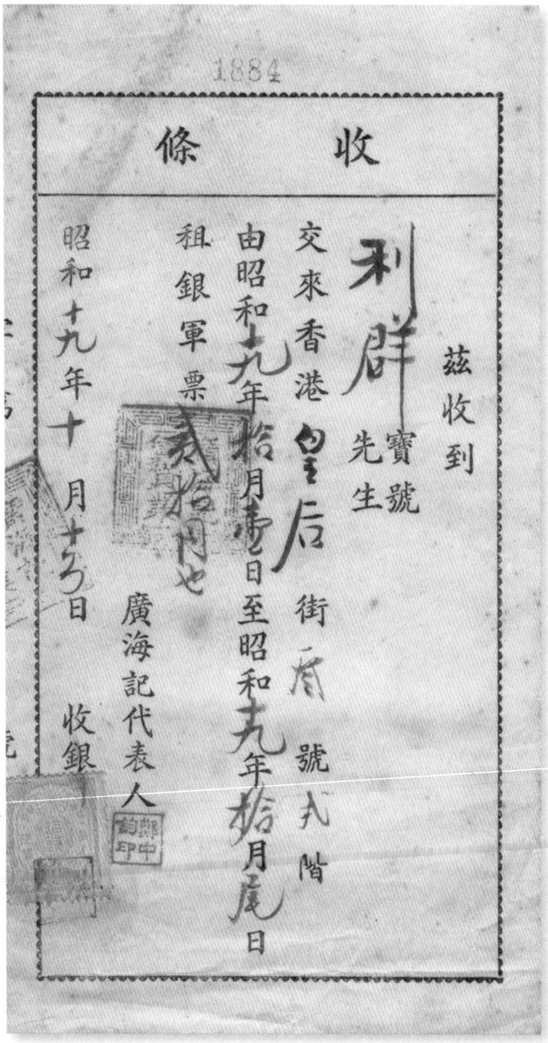

1884

收條

茲收到

利群 寶號 先生

交來香港皇后街叁號弍階

由昭和十九年拾月壹日至昭和十九年拾月尾日

租銀軍票弍拾円也

昭和十九年十月十三日

廣海記代表人

收銀

一九四四年十月十三日簽發的租單。樓宇位置是上環皇后街三號二樓，租金是二十元軍票。圖左下角是十錢印花。

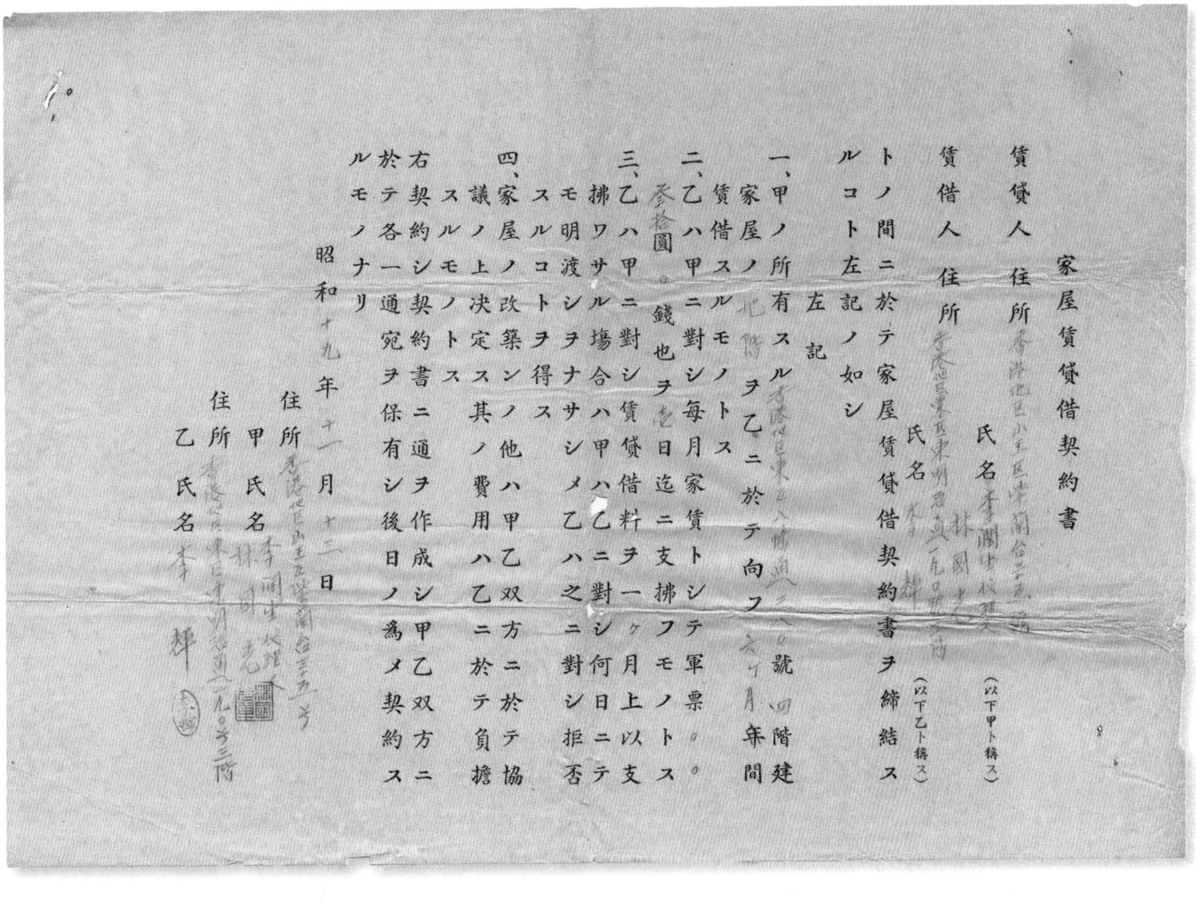

家屋賃貸借契約書

賃貸人 住所 香港地区[illegible] 氏名 李蘭生代理人 [illegible]（以下甲ト稱ス）

賃借人 住所 香港地区東区東明治通[illegible] 氏名 [illegible]（以下乙ト稱ス）

トノ間ニ於テ家屋賃貸借契約書ヲ締結スルコト左記ノ如シ

左 記

一、甲ノ所有スル香港地区東区八幡通二八〇號四階建家屋ノ地階ヲ乙ニ於テ向フ六ケ月年間賃借スルモノトス

二、乙ハ甲ニ對シ毎月家賃トシテ軍票參拾圓。錢也ヲ壱日迄ニ支拂フモノトス

三、乙ハ甲ニ對シ賃貸借料ヲ一ヶ月上以支拂ワサル場合ハ甲ハ乙ニ對シ何日ニテモ明渡シヲナサシメ乙ハ之ニ對シ拒否スルコトヲ得ス

四、家屋ノ改築ンノ他ハ甲乙双方ニ於テ協議ノ上決定ス其ノ費用ハ乙ニ於テ負擔スルモノトス

右契約シ契約書ニ通ヲ作成シ甲乙双方ニ於テ各一通宛ヲ保有シ後日ノ為メ契約スルモノナリ

昭和十九年十一月十三日

住所 香港地区[illegible]

甲 氏名 李蘭生代理人 [illegible]

住所 香港地区東区東明治通[illegible]

乙 氏名 [illegible]

一九四四年十一月十三日簽訂的「家屋賃貸借契約書」。樓宇位置是八幡通二八〇號，租金是三十元軍票。租約內以日文列出業主及租客雙方協定的權利及責任。

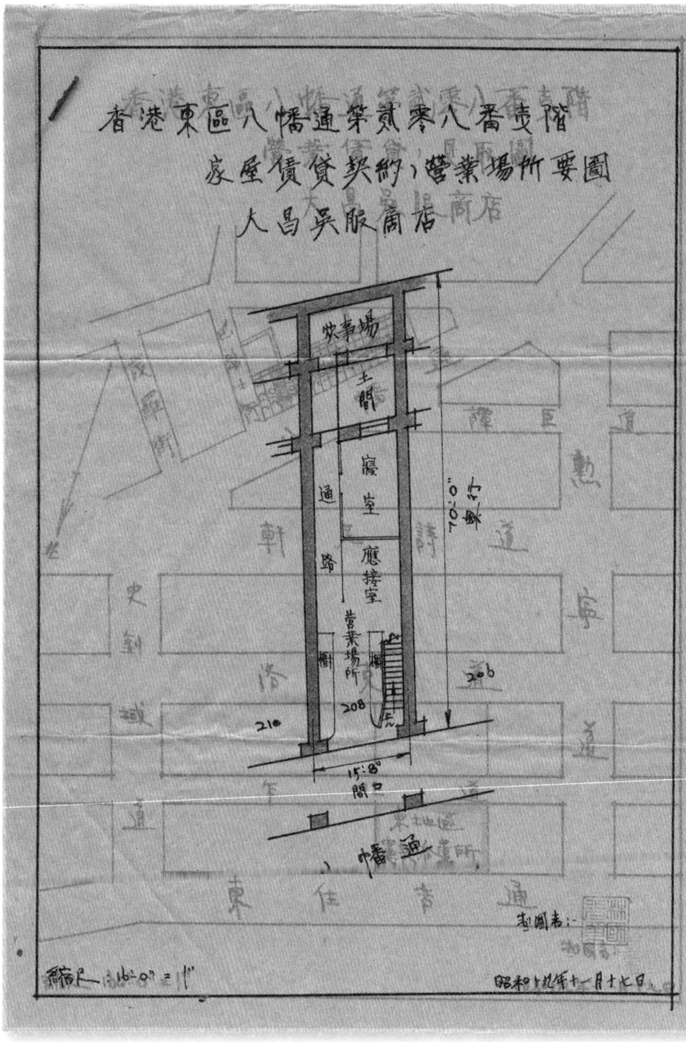

一九四四年十一月十三日簽訂的「家屋賃貸借契約書」內附的樓宇平面圖。

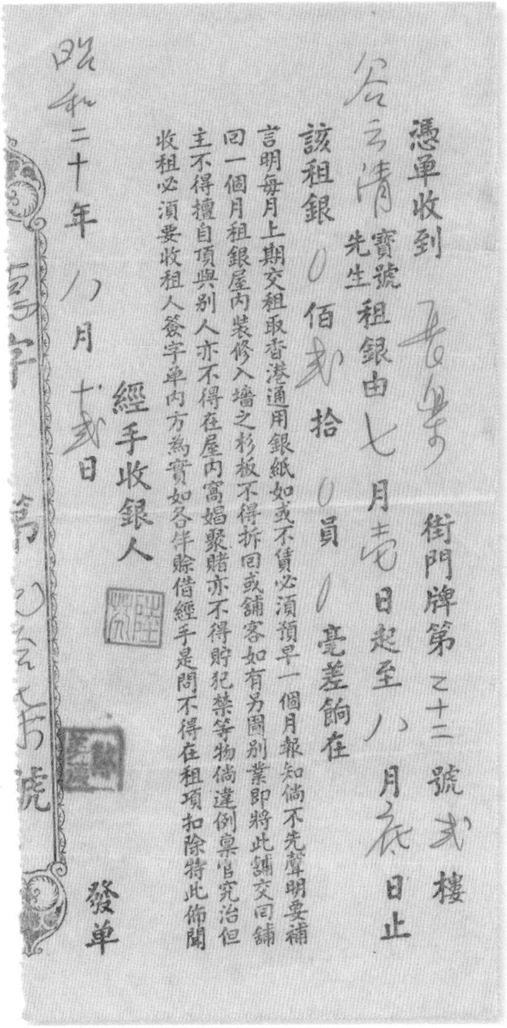

街門牌第 乙十二 號 貳 樓

憑单收到 谷云清 寶號/先生 租銀由 七 月 壹 日起至 八 月 底 日止

該租銀 0 佰 貳 拾 0 員 毫差餉在

言明每月上期交租取香港通用銀紙如或不償必須預早一個月報知倘不先聲明要補

回一個月租銀屋內裝修入墻之杉板不得拆回或舖客如有另圖別業即將此舖交回舖

主不得擅自頂與别人亦不得在屋內窩娼聚賭亦不得貯犯禁等物倘違例稟官究治但

收租必須要收租人簽字单內方為實如各件賒借經手是問不得在租項扣除特此佈聞

經手收銀人 發单

昭和二十年 八 月 十貳 日

一九四五年八月十二日簽發的租單，租金為二十元軍票。租單簽發後三天，日本宣佈無條件投降。

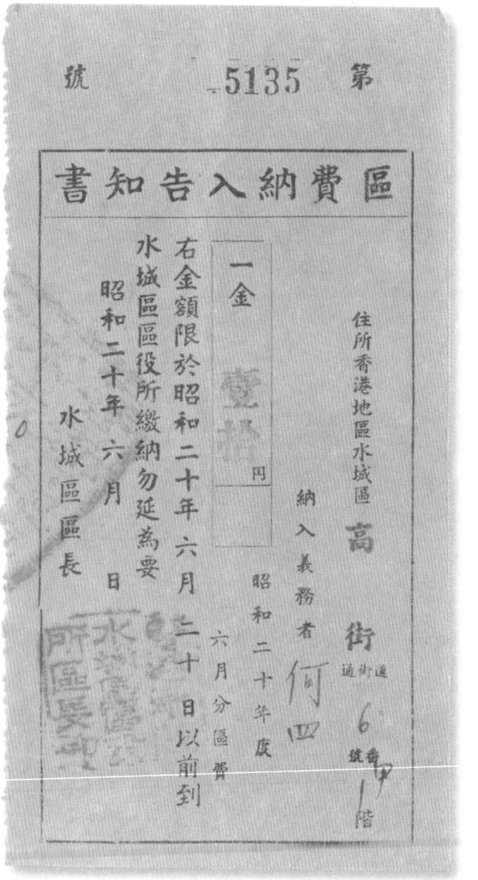
第 5135 號

區費納入告知書

住所香港地區水城區 高 街 通 6 番 1 階

納入義務者 何四

昭和二十年度 六月分區費

一金 壹拾 円

右金額限於昭和二十年六月二十日以前到水城區區役所繳納勿延爲要

昭和二十年六月 日

水城區區長

㊨ 一九四五年六月簽發的編號「5135」的「區費納入告知書」。日佔時期，香港實行區政制度，每區設置區役所來統籌區內事務。單據上的「水城區」是現今的西營盤。

㊧ 淪陷期間位於灣仔的區政所。

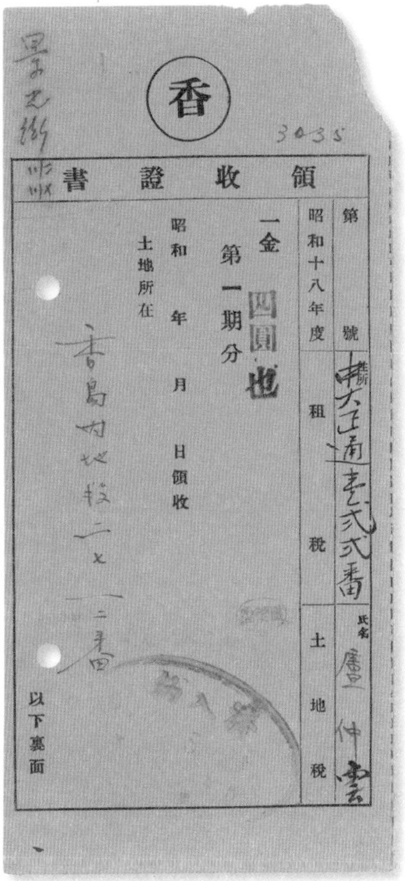
香

3035

領收證書

第　號

昭和十八年度 租稅

一金 四圓也

第一期分

昭和　年　月　日領收

土地所在

香島内地段二七一二番

住所

氏名 盧仲雲

土地稅

以下裏面

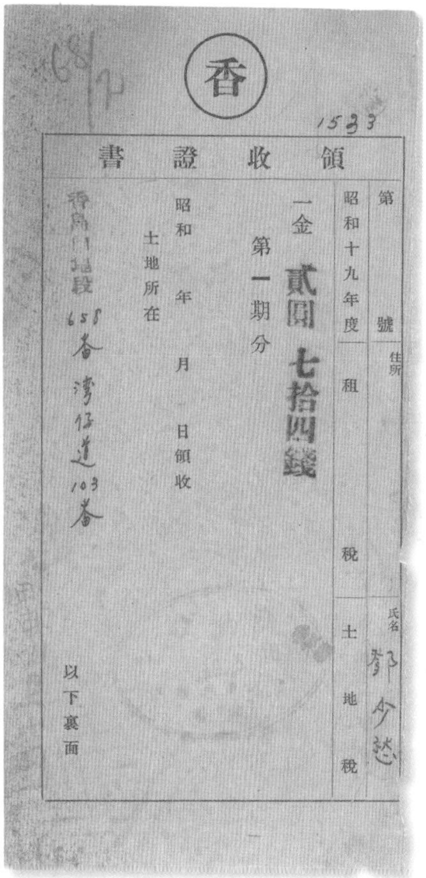
香

1583

領收證書

第　號

昭和十九年度 租稅

一金 貳圓 七拾四錢

第一期分

昭和　年　月　日領收

土地所在

住所

氏名

土地稅

以下裏面

（右）一九四四年簽發的港島土地稅收據。

（左）一九四三年簽發的土地稅收據。收據上的「香」字是指香港島，而土地稅繳納所在地段是香島內地段二七一二番。「番」即是「號」的意思，稅款為四元軍票。

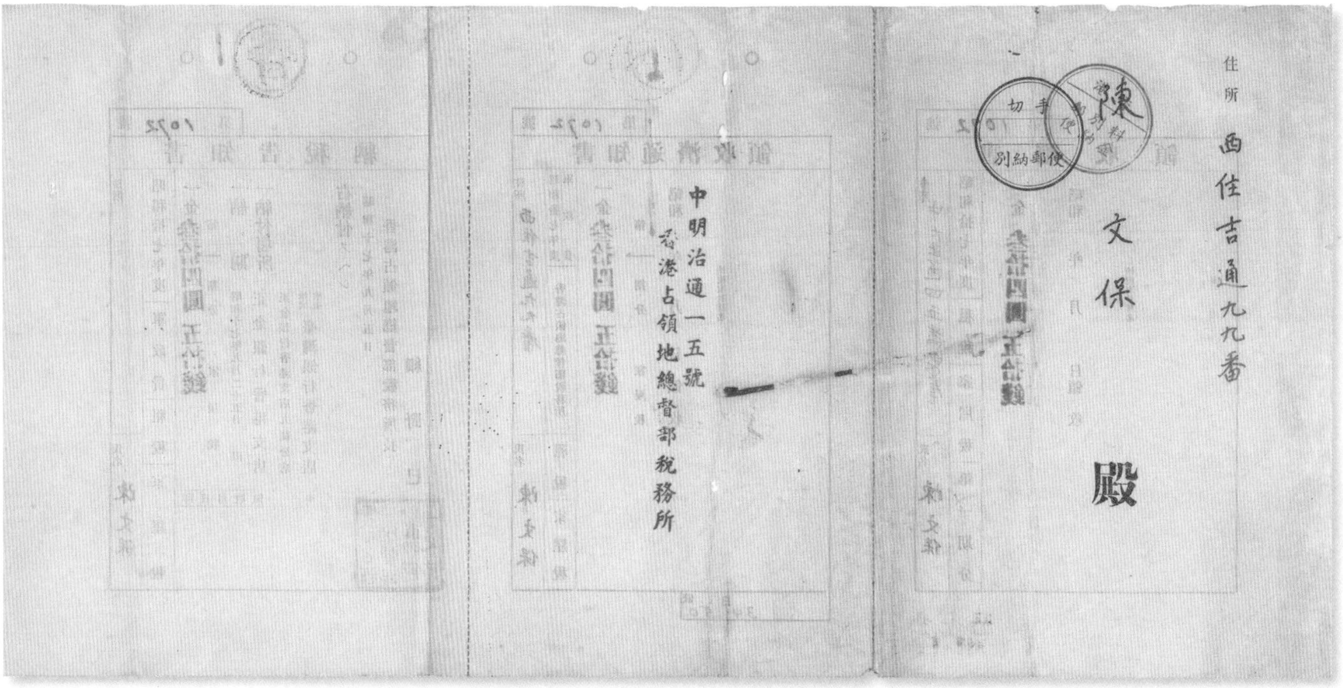
住所 西住吉通九九番
文保 殿
中明治通一五號
香港占領地總督部稅務所

一九四二年九月五日簽發的編號「1072」家屋稅繳款通知書、收據通知書及收據正面。單據上的「中明治通」是現今的皇后大道中。

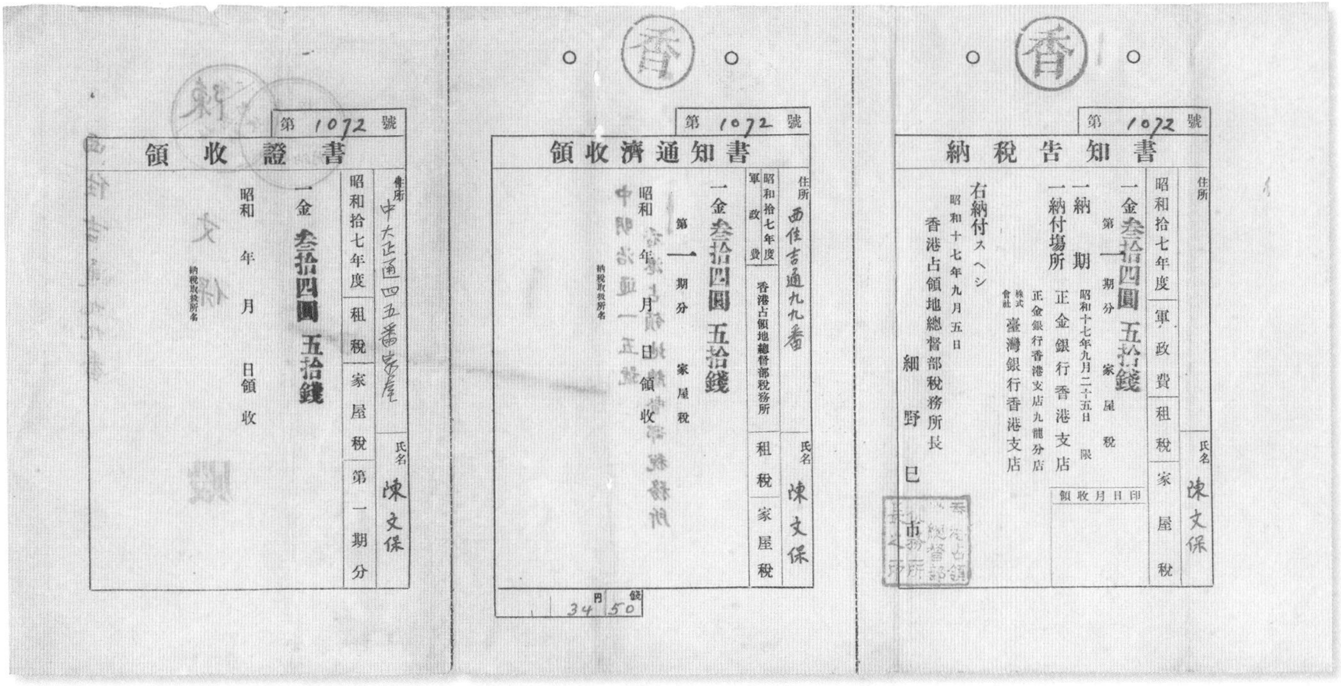

納稅告知書
第 1072 號
住所
氏名 陳文保
昭和拾七年度 軍政費 租稅 家屋稅
一金叁拾四圓五拾錢 第一期分 家屋稅
一納期 昭和十七年九月二十五日限
一納付場所 正金銀行香港支店 正金銀行香港支店九龍分店 株式會社臺灣銀行香港支店
右納付スヘシ
昭和十七年九月五日
香港占領地總督部稅務所長 細野巳市
印 日月收領

領收濟通知書
第 1072 號
住所 西住吉通九九番
氏名 陳文保
昭和拾七年度 軍政費 香港占領地總督部稅務所 租稅 家屋稅
一金叁拾四圓五拾錢 第一期分 家屋稅
昭和 年 月 日領收
納稅取扱所名
円 銭 34 50

領收證書
第 1072 號
住所 中大正通四五番
氏名 陳文保
昭和拾七年度 租稅 家屋稅 第一期分
一金叁拾四圓五拾錢
昭和 年 月 日領收
納稅取扱所名

一九四二年九月五日簽發的編號「1072」家屋稅繳款通知書、收據通知書及收據。繳款地點分別是橫濱正金銀行香港分行和台灣銀行香港分行。當時的稅務所長是「細野巳市」。單據上的「中大正通」是現今的上亞厘畢道及堅道；「西住吉通」是現今的干諾道西。

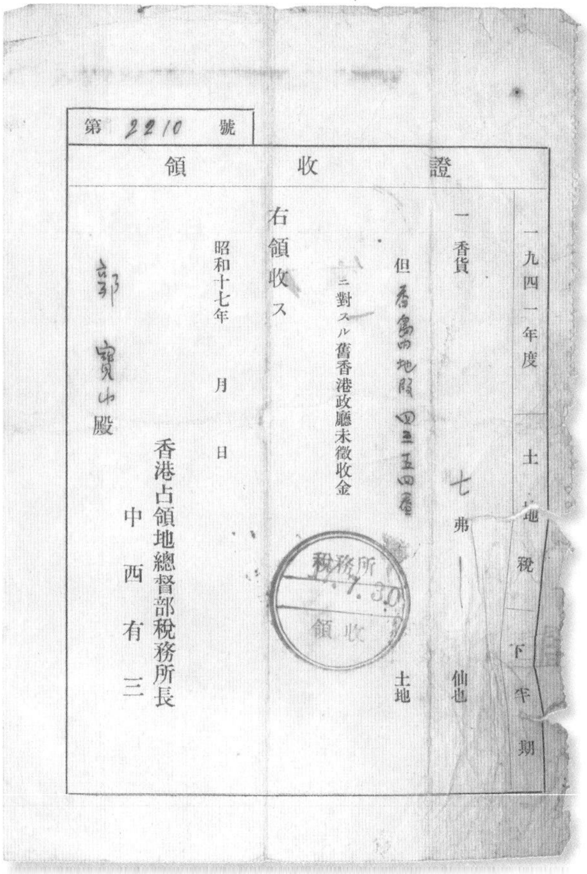

第 2210 號

領收證

一九四一年度 土地税 下半期

一 香貨 七弗 一 仙也

但 香島田地段四三五四屋 土地

ニ對スル舊香港政廳未徵收金

右領收ス

昭和十七年 月 日

香港占領地總督部税務所長

中西有三

鄧寬山殿

税務所 17.7.30 領收

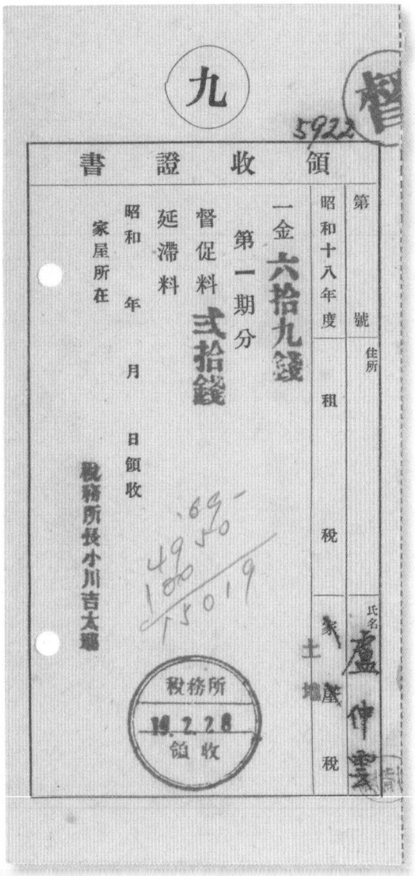

九

領收證書

第 號

昭和十八年度 家屋 土地 租税 税

住所

氏名 盧仲雲

一金 六拾九錢

第一期分

督促料

延滯料 弐拾錢

昭和 年 月 日領收

家屋所在

税務所長小川吉太郎

税務所 19.2.28 領收

（右）

一九四二年七月簽發的編號「2210」的土地税收據。此收據特別之處在於單據上印有「一九四一年度」和「香港占領地總督部税務所長中西有三」字樣，單據是徵收一九四一年下半期土地税，按香港是在一九四一年十二月二十五日才被日本全面佔領。

（左）

一九四三年簽發的九龍土地税收據。此收據本為家屋税收據，後經註銷，並加蓋「土地」二字。單據上並蓋有「税務所長小川吉太郎」印鑑。

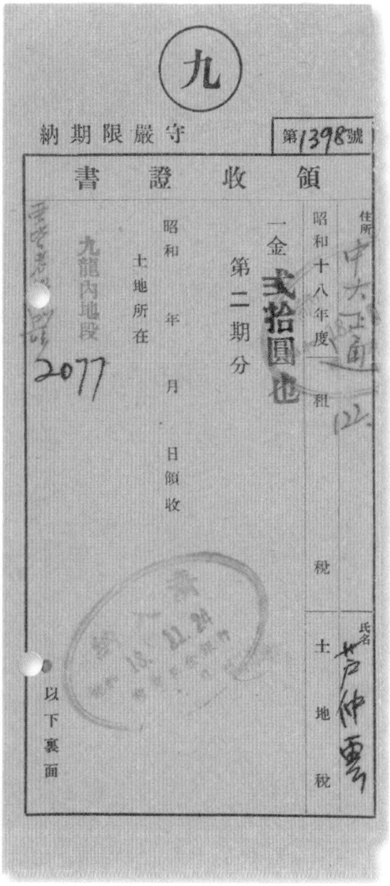

九

納期限嚴守　第1398號

領收證書

昭和十八年度

一金　弍拾圓也

第二期分

昭和　年　月　日領收

土地所在　九龍內地段 2077

住所　中大正通 122

租税

氏名　盧仲雲

土地税

納入濟 18.11.24

以下裏面

㊨

一九四三年簽發的土地稅收據。收據上的「九」字是指九龍半島，而土地稅繳納所在地段是亞皆老街，稅款為二十元軍票。

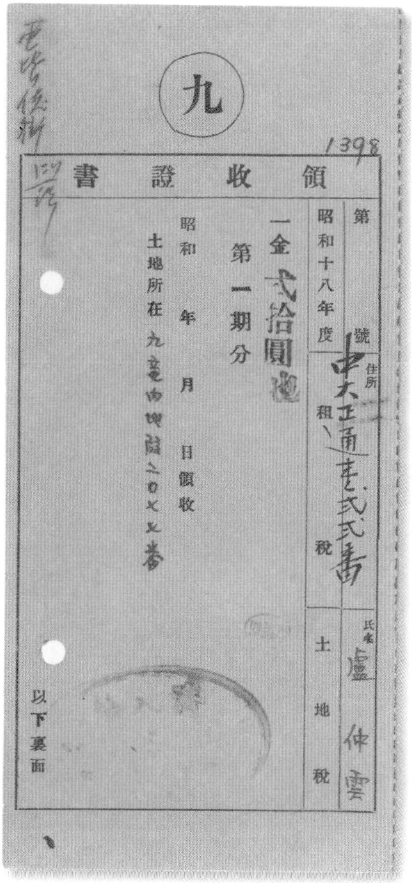

九

1398

領收證書

第　號

昭和十八年度

一金　弍拾圓也

第一期分

昭和　年　月　日領收

土地所在　九龍內地段二〇七七番

住所　中大正通壹弍弍番

租税

氏名　盧仲雲

土地税

以下裏面

㊧

一九四三年簽發的九龍土地稅收據。收據內除列明應繳納的稅款外，亦詳列業權人姓名及住址。

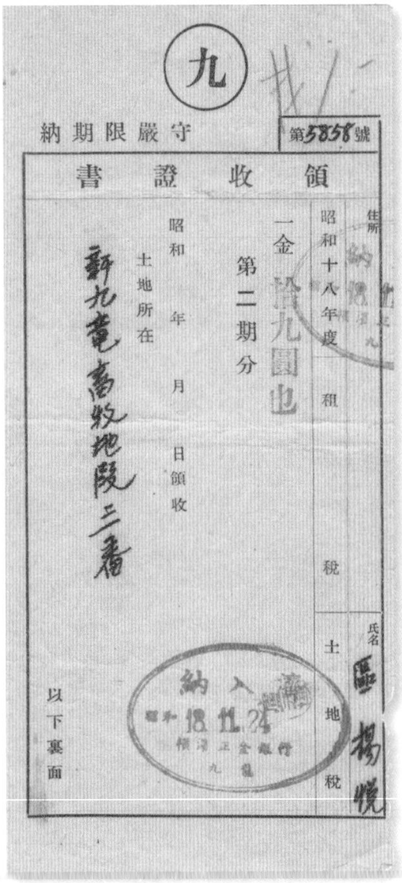
九

守嚴限期納　第5858號

領收證書

住所

昭和十八年度　土地稅

一金　拾九圓也

第二期分

昭和　年　月　日領收

土地所在　新九龍高牧地段三番

氏名　區楊悦

納入濟　昭和18.11.24　橫濱正金銀行　九龍

以下裏面

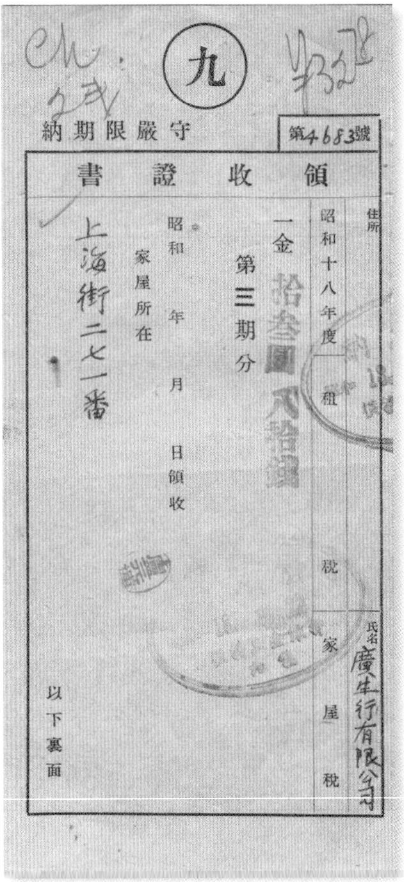
九

守嚴限期納　第4683號

領收證書

住所

昭和十八年度　家屋稅

一金　拾叁圓八拾錢

第三期分

昭和　年　月　日領收

家屋所在　上海街二七一番

氏名　廣生行有限公司

以下裏面

（右）

一九四三年簽發的家屋稅收據，繳納者是廣生行有限公司。該公司是由馮福田於一八九八年創辦，主要業務是生產化妝用品。

（左）

一九四三年簽發的土地稅收據。收據下方是橫濱正金銀行九龍分行的印鑑。日佔時期，收繳稅款是由銀行代勞的。

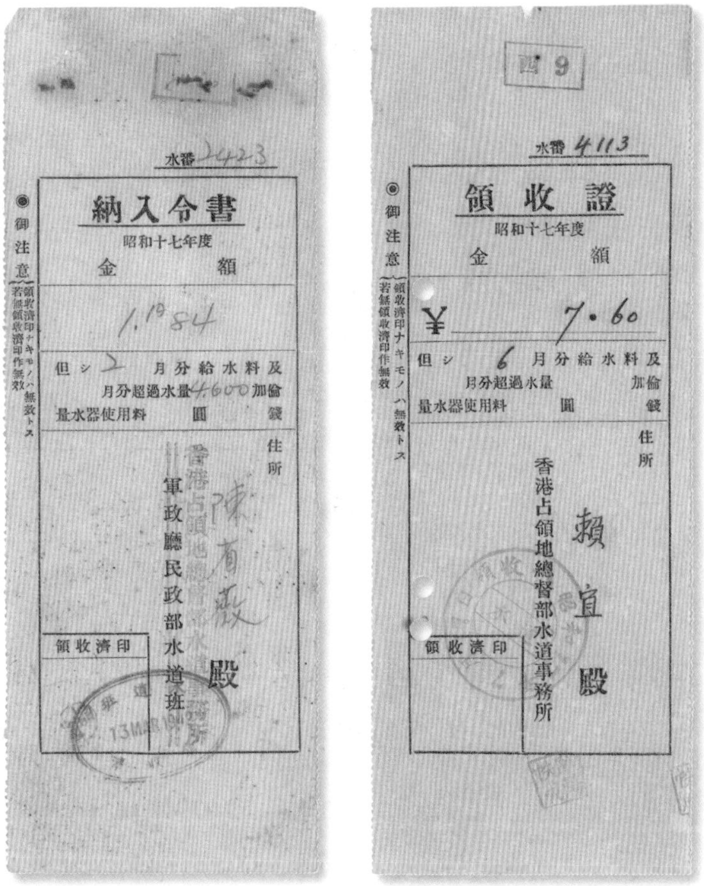

㊨ 一九四二年六月簽發的編號「水番 4113」的水費單。單據上左方的「御注意」，以中日兩種文字列明如無收據印章，此收據視作無效。

㊧ 一九四二年二月簽發的編號「水番 2423」的水費單。單據上原印有「軍政廳民政部水道班」，後註銷並蓋上「香港占領地總督部水道事務所」。此單據見證了日佔初期，香港由軍政管治轉向民政管治。

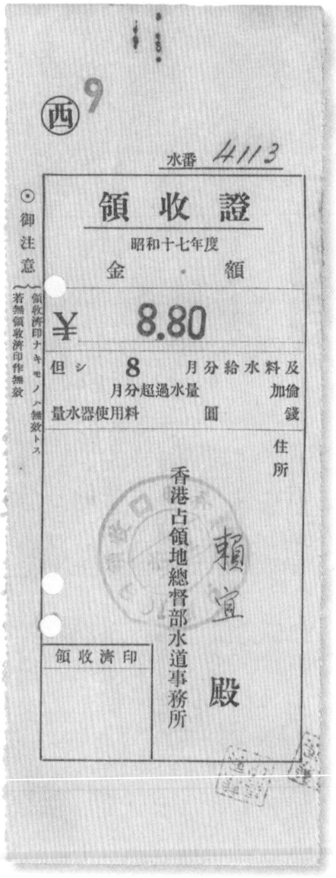

㊨ 一九四二年八月簽發的編號「水番 4113」的水費單。

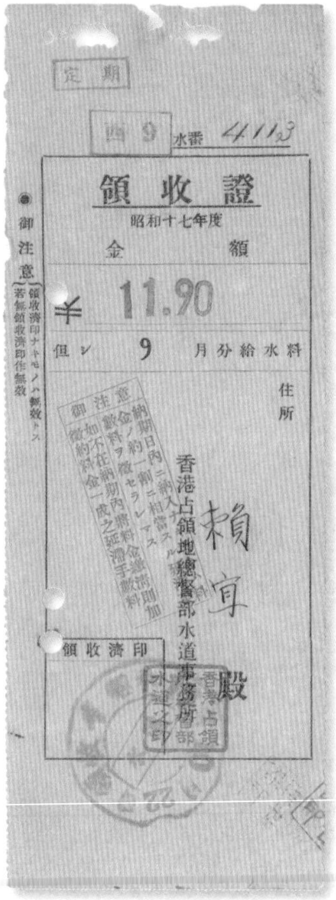

㊧ 一九四二年九月簽發的編號「水番 4113」的水費單。

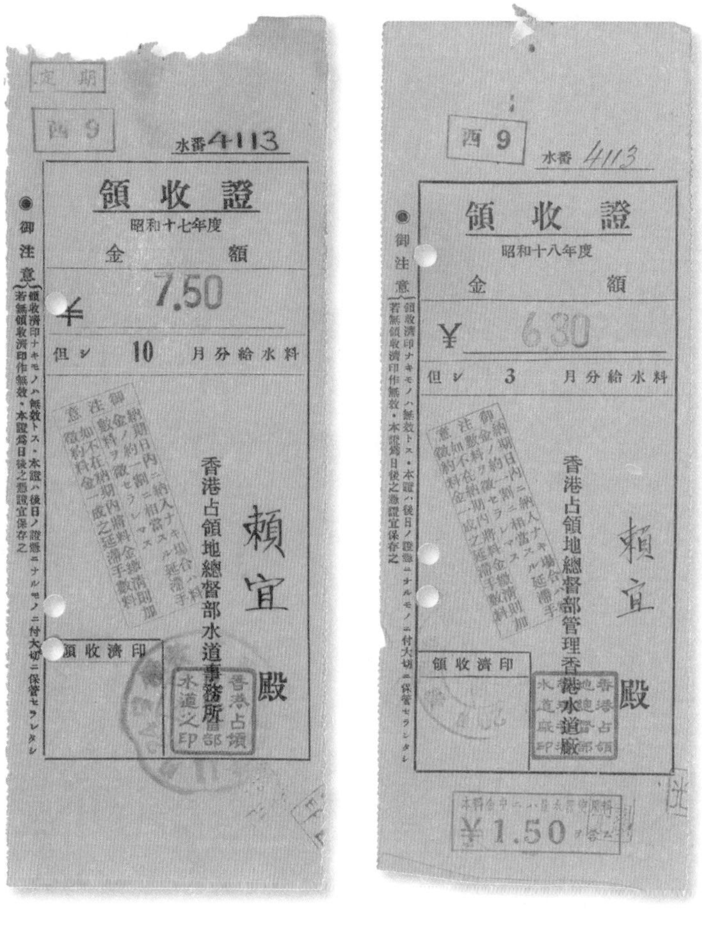

㊨ 一九四三年三月簽發的編號「水番 4113」的水費單。單據上蓋有三枚印章，分別是「香港占領地總督部管理香港水道廠」印鑑；「逾期繳費的附加費罰則」印鑑及「繳納費用中已包括一元五錢軍票的水錶使用費」印鑑。

㊧ 一九四二年十月簽發的編號「水番 4113」的水費單。日佔時期，水務工作由「香港占領地總督部水道事務所」負責。當時，飲用水稱為「上水道」，渠務稱為「下水道」。

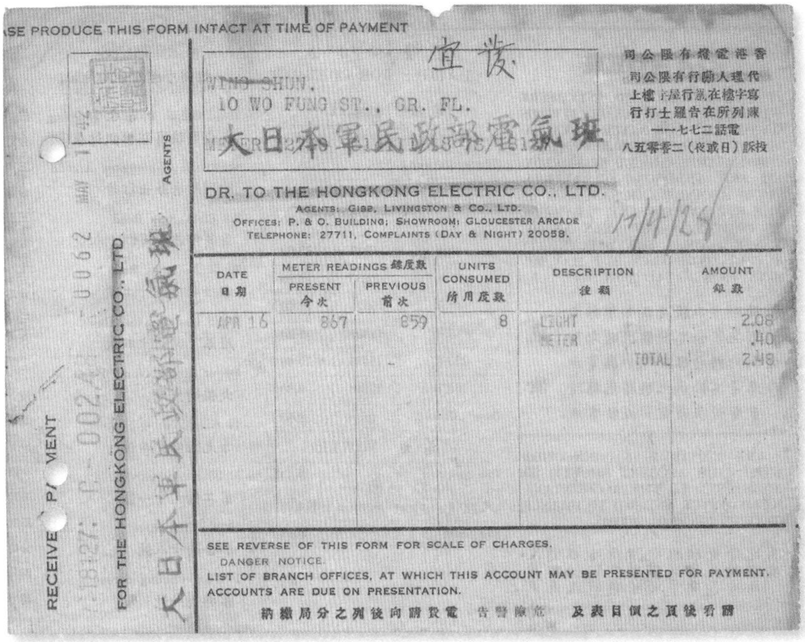
…SE PRODUCE THIS FORM INTACT AT TIME OF PAYMENT

宜發

~~WING SHUN.~~
10 WO FUNG ST., GR. FL.

大日本軍民政部電氣班

香港電燈有限公司
代理人勵行有限公司
寫字樓在滙行屋𠄞樓上
陳列所在告羅士打行
電話二七七一一
投訴（日或夜）二零零五八

DR. TO THE HONGKONG ELECTRIC CO., LTD.
AGENTS: GIBB, LIVINGSTON & CO., LTD.
OFFICES: P. & O. BUILDING; SHOWROOM: GLOUCESTER ARCADE
TELEPHONE: 27711, COMPLAINTS (DAY & NIGHT) 20058.

17/4/28

DATE 日期	METER READINGS 錶度數 PRESENT 今次	PREVIOUS 前次	UNITS CONSUMED 所用度數	DESCRIPTION 後額	AMOUNT 銀數
APR 16	867	859	8	LIGHT	2.08
				METER	.40
				TOTAL	2.48

SEE REVERSE OF THIS FORM FOR SCALE OF CHARGES.
DANGER NOTICE.
LIST OF BRANCH OFFICES, AT WHICH THIS ACCOUNT MAY BE PRESENTED FOR PAYMENT.
ACCOUNTS ARE DUE ON PRESENTATION.

請看後頁之價目表及 危險警告 電費請向後列之分局繳納

RECEIVED PAYMENT
FOR THE HONGKONG ELECTRIC CO., LTD.
AGENTS

18127: C 0024 0062 MAY 1942

大日本軍民政部電氣班

DANGER

IT IS DANGEROUS TO INTERFERE WITH ELECTRIC WIRES OR FITTINGS OR TO ADD TO OR ALTER INSTALLATIONS. REGISTERED ELECTRICAL CONTRACTORS SHOULD BE EMPLOYED AND ADDITIONS OR ALTERATIONS REQUIRE THE SANCTION OF THE SUPPLY COMPANY. FAILURE TO COMPLY IS NOT ONLY AN OFFENCE UNDER THE ELECTRICITY SUPPLY ORDINANCE BUT MAY RESULT IN A FATAL ACCIDENT.

危險

發燈則方本燈有改如擊移自
生則屬能公工註換線務動動
意例於興司程冊須加屬電加
外且違工批店之聘增危線增
易電否准得電用或險電或

ANY ENQUIRIES IN CONNECTION WITH THIS ACCOUNT SHOULD BE ADDRESSED TO THE ACCOUNTANT, HEAD OFFICE, AND NOT TO BRANCH OFFICES OR SHOWROOM.

為陳分寄樓總接者所告賬對凡
要列局交切寫寄請查信項於用
所或各勿字交直詢有遁此戶

電費價目表
CHARGES FOR CURRENT

電燈 LIGHTING

MONTHLY ACCOUNT	Cents per unit
Under 160 units	16 ,,
From 160 ,, to 625 units	15.20 ,,
,, 626 ,, ,, 1565 ,,	14.40 ,,
,, 1566 ,, ,, 3125 ,,	13.60 ,,
,, 3126 ,, ,, 6250 ,,	12.80 ,,
,, 6251 ,, ,, 9375 ,,	12.00 ,,
,, 9376 ,, ,, 12500 ,,	11.20 ,,
,, 12501 ,, ,, 15625 ,,	10.40 ,,
,, 15626 ,, ,, 18750 ,,	9.60 ,,
Over 18750 ,, ,,	8.80 ,,

電力 POWER

Per unit	5.5 Cents

火爐 THERMAL STORAGE HEATERS

Per unit	4.5 Cents

OFFICES
總寫字樓及分局地址

Head Office: P. & O. Building
本公司總寫字樓鐵行屋宇

Showroom: Gloucester Arcade
陳列所告羅士打行

328 Shaukiwan Road
筲箕灣道三百二十八號

72/74 Johnston Road
莊士頓道七十二號

64/66 Lower Lascar Row
摩羅下街六十四號

Power Street, North Point
大強街分站

44 King Kwong Street
景光街四十四號

91/93 Second Street
第二街九十一號

18 Wo Hop Street
和合街十八號

1 Wing Cheung Street
永祥街一號

㊦ 一九四二年簽發的電費單背面，仍印有戰前香港電燈有限公司的資料和收費準則。

㊤ 一九四二年簽發的電費單。此單據原為戰前香港電燈有限公司單據。日本佔領香港後，電力供應改由日本軍政府營運。

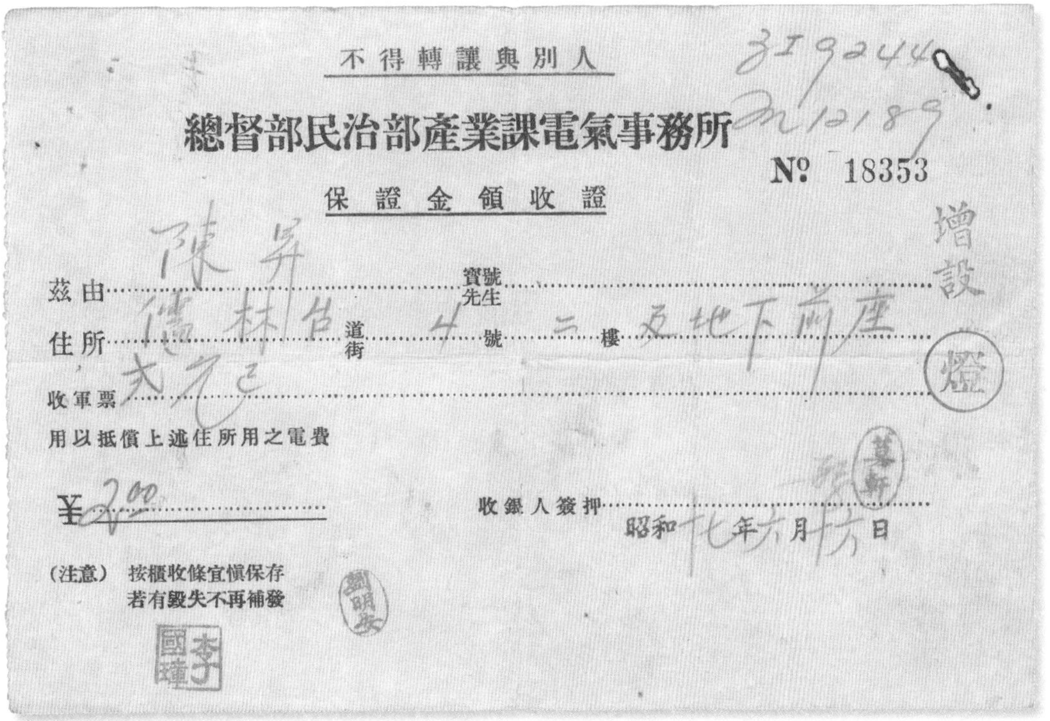

不得轉讓與別人

總督部民治部產業課電氣事務所

№ 18353

保證金領收證

茲由 陳昇 寶號／先生

住所 德林台 道／街 4 號 二 樓 及地下前座

收軍票

用以抵償上述住所用之電費

¥2.00

收銀人簽押

昭和十七年六月十六日

(注意) 按櫃收條宜慎保存
若有毀失不再補發

增設
燈

一九四二年六月十六日簽發的編號「18353」的電力用戶「保證金領收證」。單據上蓋有多個印鑑，包括右方的「增設燈」表示新增設施。此外，日佔時期，跟從日本本土經商做法，以印章來證明個人身份，等同於在文件上簽署。

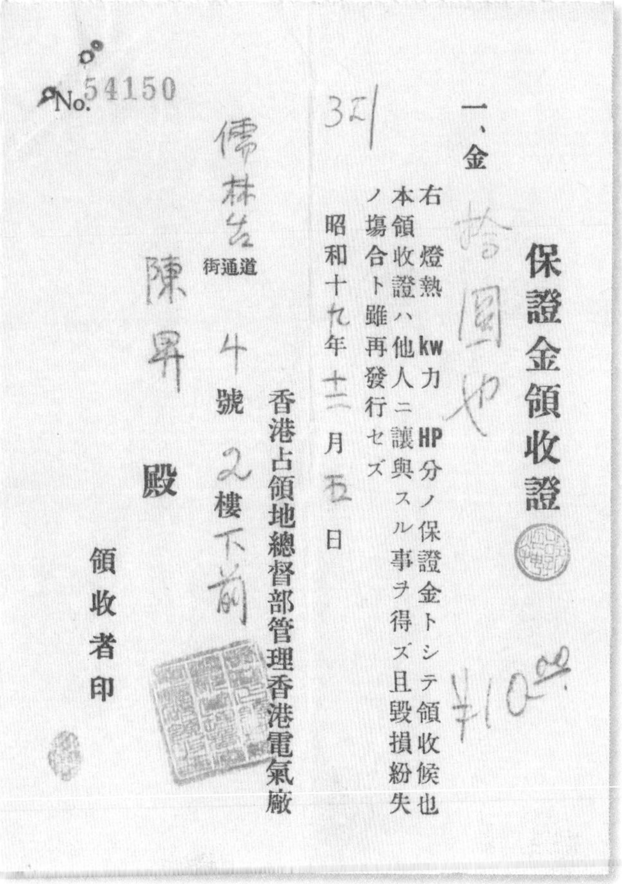

保證金領收證

一、金 拾圓也 ¥10.00

右燈熱kw力HP分ノ保證金トシテ領收候也
本領收證ハ他人ニ讓與スル事ヲ得ズ且毀損紛失
ノ場合ト雖再發行セズ

321

昭和十九年十二月五日

香港占領地總督部管理香港電氣廠

儒林台街通道 4號 2樓下前

陳昇 殿

領收者印

No. 54150

一九四四年簽發的電力用戶「保證金領收證」，當時的保證金是十元軍票。

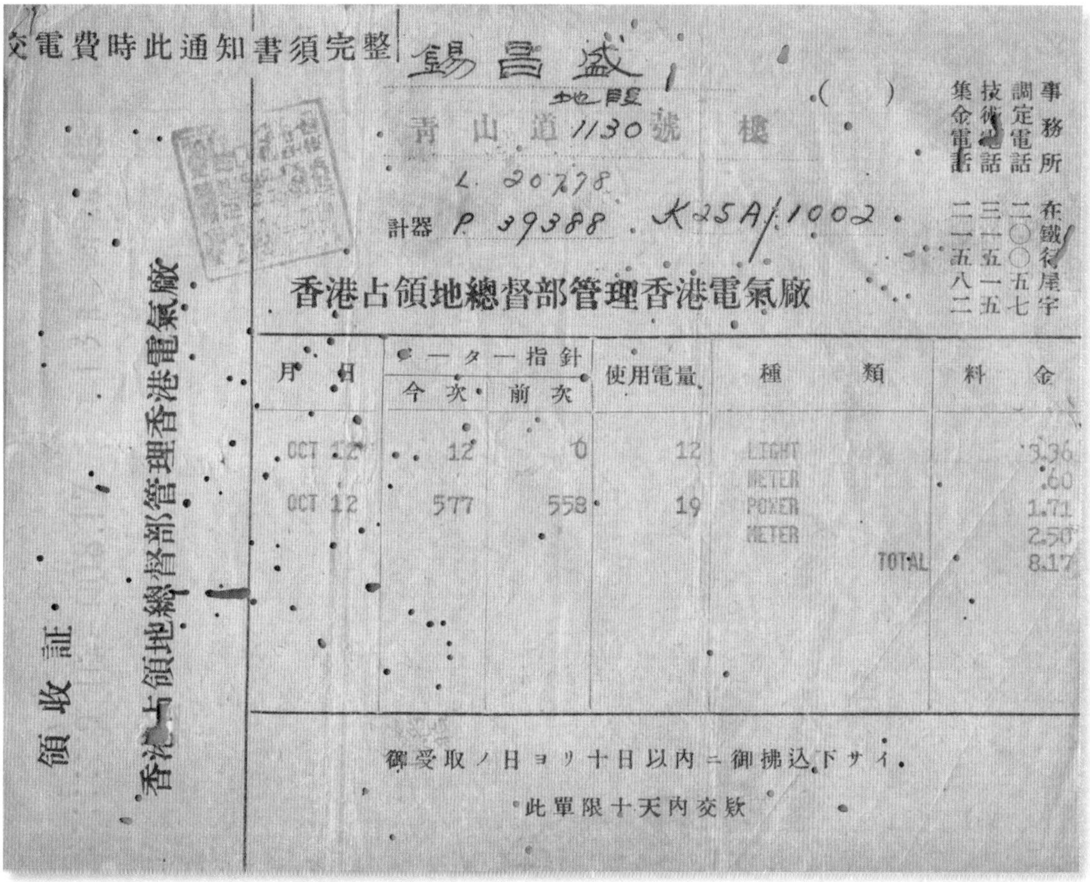
交電費時此通知書須完整

盛昌錫

地段

青山道1130號　樓

L. 20778

計器 P. 39388 K25A/.1002

香港占領地總督部管理香港電氣廠

事務所　在鐵行屋宇

調定電話　二〇五七

技術電話　三一五一五

集金電話　二一五八二

月日	メーター指針 今次	前次	使用電量	種類	料金
OCT 12	12	0	12	LIGHT	3.36
				METER	.60
OCT 12	577	558	19	POWER	1.71
				METER	2.50
				TOTAL	8.17

御受取ノ日ヨリ十日以內ニ御拂込下サイ

此單限十天內交欵

領收証

香港占領地總督部管理香港電氣廠

一九四五年十月簽發的電費單。香港重光初期，物資短缺，英軍政府只好仍然使用日佔時期的單據來徵收電費，但是度量衡已改回使用英文。

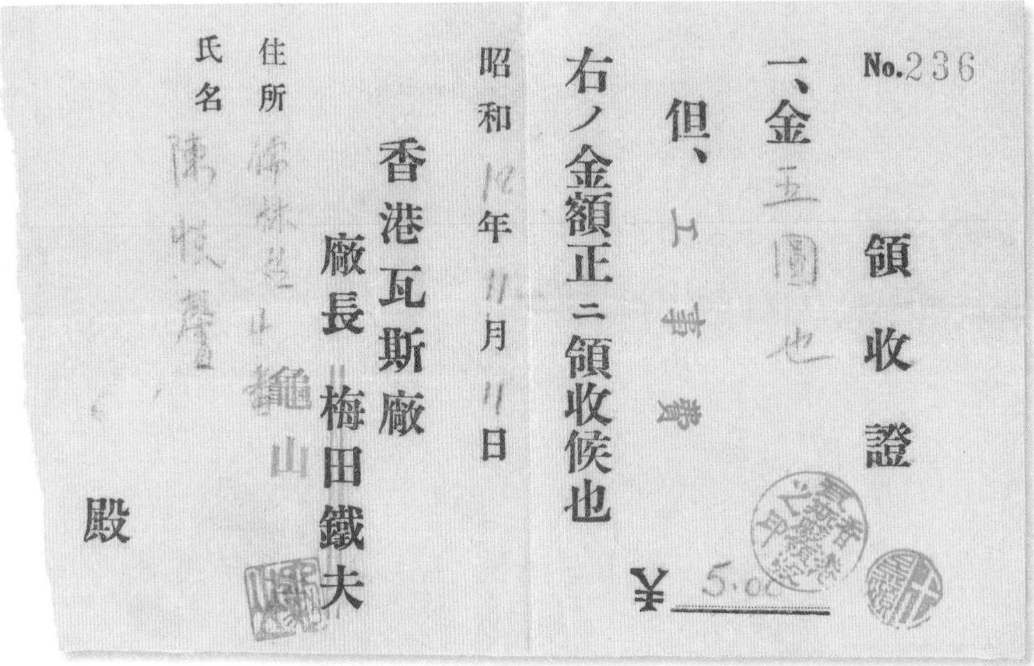

No.236

領收證

一、金五圓也

但、工事費

右ノ金額正ニ領收候也

¥ 5.00

昭和18年11月11日

香港瓦斯廠

廠長 梅田鐵夫

住所 [illegible]

氏名 [illegible]

殿

一九四三年十一月十一日簽發的修理煤氣「領收證」。當時是由「香港瓦斯廠」供應煤氣。

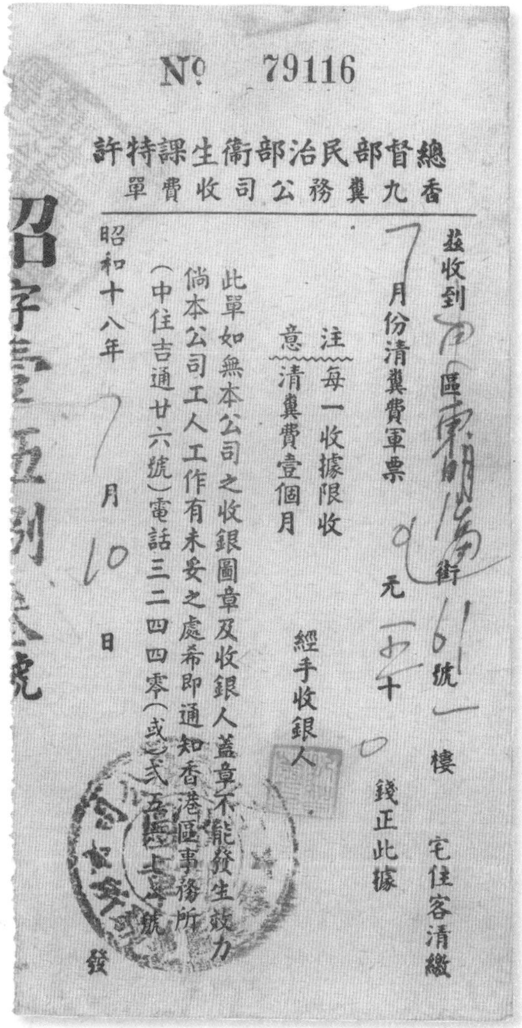
No 79116

總督部民治部衛生課特許
香九糞務公司收費單

茲收到 東明治 街 61 號 一 樓 宅住客清繳
7 月份清糞費軍票 元 十 錢正此據

注意 每一收據限收清糞費壹個月

經手收銀人

此單如無本公司之收銀圖章及收銀人蓋章不能發生效力
倘本公司工人工作有未妥之處希即通知香港區事務所
（中住吉通廿六號）電話三二四四零（或）弍五
昭和十八年 7 月 10 日 發

一九四三年七月十日簽發的清糞收費單。戰前建築物多未設有拉水馬桶廁所，市民只好用痰盂大小便，然後倒進糞桶，並且上蓋密封，等待晚上糞車來收集。單據上的「東明治通」即現今的皇后大道東。

04

窒礙難行的

交通運輸

壹等

「香港保衛戰」及淪陷初期，香港的公共交通服務幾乎陷於癱瘓，造成市民出入非常不便。隨著市面恢復平靜，因應人流與物流的需要，主要的海陸公共交通工具，包括電車、巴士、纜車、火車及輪船等亦逐步恢復服務。

然而，上述的交通工具往往因為燃料短缺而處於時而運作、時而停駛的狀態，於是，馬車、單車、人力車等以人力或畜力驅動的交通工具便大行其道，成為淪陷時期香港市民日常生活所依賴的交通工具。

電車：貫通港島東西

日佔時期，電車是港島最早恢復服務的交通工具，據台灣銀行香港支店在 1942 年下旬所做的調查，電車是在 1942 年 1 月 14 日局部恢復行駛。票價方面，「上環街市—銅鑼灣」線：一等票價是四錢，三等票價是兩錢；「上環街市—山王台」線：[1] 一等票價是六錢，三等票價是三錢。電車公司同時推出「學生廉價季票」、「公務員免費乘車證」、「回數券」、「定期券」等優惠票，以吸引乘客。[2]

3 月 20 日，電車全線恢復行駛，由筲箕灣至山王台共設有四十七個車站，另外「競馬場」支線設有七個車站。[3]5 月至 10 月期間，每日乘搭電車的人數平均達三萬七千人。[4] 當電車局部恢復服務時，電車公司共聘用了十二名日裔員工、九百三十三名華裔員工，同時增設女售票員和收票員，為女性提供就業機會。員工制服改為青華綠色調。上層和下層車廂分別設有售票員。[5] 路線方面，增設了「山王台—競馬場—筲箕灣」線。此外，為便利貨運，曾於早上設貨運專車。[6]

《香島日報・副刊》的連載通俗小說〈世外桃源〉第十七回，便曾借主人翁「孟晉」的經歷來描寫乘搭電車的情景：

> 在筲箕灣的電車上，乘客很擠，雖然因為車行的速度，使到空氣流動的一點，但大家仍然悶熱得有點喘不過氣來；猛烈的陽光，斜斜地從後背照著，熱到令人有點難受，間或有些陣風，但也是挾熱浪以俱來，待到銅鑼灣站了，人客稀疏一點，

四個人有說有笑起來，孟晉更是指點山光水色，眉飛色舞地解釋給玉琳聽，陣陣兒的海風，熱浪不知那裏去了。[7]

1943 年 4 月 14 日刊印的《香島日報》，內一篇題為〈香港的清晨〉專欄文章，記者寫下了清晨時分電車內外的情況：

清晨，天邊僅露著一線的曙光，電車已發出隆隆的聲響在開行了。車廂裏，燈還亮著，人是疏疏落落的。可是，這些人，都有著他們的工作，多是趕買貨物，預備一天的營生。魚市、菜市等都多數在西環，因此西行的車，比東行的人多一點。疏落的電車，不時會發現一兩個穿著黃制服的人，這就是電車服務員。晨光熹微的上午六七時，就是他們工作開始的時間。[8]

後來，電車服務因為燃料短缺，自 1944 年 6 月 4 日起停止運作。[9]「交通部」部長堤正威在一個記者招待會上談及香港交通情況時，對電車停駛感到無奈，但政府卻無任何補救措施。[10]

巴士：兼載乘客貨物

巴士服務在 1942 年中後旬恢復有限度行駛，範圍和班次顯然較戰前小和疏落。以九龍至元朗的巴士服務為例，每天只對開六次。由於班次較少，加上巴士載客之餘亦兼載貨物，因此車上往往擠滿乘客和貨物。[11] 後來，巴士服務同樣受到燃料短缺影響，曾一度停駛。

直至 1944 年 8 月 12 日，「交通部」部長堤正威透露，他跟負責統籌公共交通服務的「香港自動車運送會社」代表鄧肇堅（1901-1986）見面時，鄧氏表示業界對恢復行車，已有詳細計劃，但仍需考慮有關燃料、路線、站目、價格、車輛等問題。待該等問題解決及獲得當局批准營運後，便可公佈詳情。[12]

港島的巴士服務在 1944 年 8 月 18 日局部恢復，但只行駛東、西行兩線：（一）銅鑼灣往畢打街，共設七個站；（二）畢打街往西邊街，共設五個站。東線車資為兩元半，西線車資為一元半。此外，尚有往返西邊街至香港仔的巴士服務，但只限公務員乘搭。[13]

雖然巴士恢復行駛，但載客量有限而未能滿足乘客需求。1944 年 8 月 18 日刊於《華僑日報》內的一篇評論文章，記者「毛盧」指出東、西兩線已貫通市區，能夠滿足乘客的基本需求，但由於巴士載客量不多，兼且班次不頻密，因此他勸喻市民仍舊安步當車。[14]

火車：溝通市區新界

因為戰略需要，「香港保衛戰」期間，英軍大量破壞鐵路設施。日軍佔領香港後，為了恢復香港與廣東省的運輸網絡，馬上對鐵路進行修復。1942 年 3 月，已能提供有限度的火車服務。[15] 九廣鐵路客運服務恢復後，受到廣大市民歡迎，以 1942 年 6 月 22 日至 28 日為例，共有超過一萬五千名乘客利用火車往返九龍和新界。為解決客運需求，上下行列車由六班增至八班，至於在油蔴地站乘火車往新界，每班車只限上客二十名。[16] 雖然這項措施在 8 月 1 日已經取消，但火車服務只限至粉嶺站，前往上水的乘客需要在大埔或粉嶺轉乘其他接駁交通工具。[17] 直至 1944 年 1 月，來往廣州至香港的火車服務才完全恢復。但該服務只維持了約九個月，便因燃料短缺而再度停駛。

纜車：方便上山下山

纜車是日佔時期較遲復業的公共交通工具，復業日期是 1942 年 6 月 25 日。當日由磯谷廉介總督（1886-1967）主持典禮，並與「交通部」部長及傳媒一同試乘。[18] 翌日早上七時三十分開始恢復行駛，每三十分鐘對開一班，車票只發行「長行票」。[19]

車費方面，根據《公示》的〈第五十七號〉，「花園道—梅道」線，車費是三十錢；「花園道—香ケ峯」線，[20] 車費是五十錢。而售票處只設於花園道停車場或可以在列車內購票。[21] 登山纜車只限公務員或居住於山上區域而每日須下山工作者乘搭。[22]

人力車、單車與馬車

日佔時期，在燃料供應短缺下，巴士等陸上交通工具始終沒能滿足市民需求，人力車遂扮演著重要的角色。為方便管理，日治政府將戰前的二十二家人力車店統合為「香九人力車商組合」，由「交通部」的「陸上交通課」管轄。[23] 1942 年中旬，在港九兩地行走的人力車約有八百五十架之多，大半在港島行走。其中港島的人力車服務設分段收費，由銅鑼灣至西環分為十區，九龍則分為六區。

1942 年 6 月《香島日報》曾報導，港島約有五百二十架人力車，車伕人數約兩千人。大部份人力車屬於人力車公司擁有，車伕是向人力車公司租用車輛營運。日治政府規定每輛人力車必須配備牌照，藉此來控制人力車數量。人力車租以更期為計算單位，每日早上六時至翌日早上為「全更」，車租為一元六錢。此外，每輪車的按金是二十元。[24] 人力車收費方面，例如從佐敦道前往亞皆老街九龍醫院，車費為七十錢。[25]

乘客二輪車和三輪車，應「行業組合」要求，每月都要到指定的修繕店進行車輛檢驗。從事乘客二輪車和三輪車的從業員，工作時都需要配帶「從業臂章」。此外，「行業組合」亦會派督察員到街上巡邏，觀察從業員的駕駛技術和態度。[26]

人力車外，亦有單車隊行走於九龍與新界之間。日佔初期，交通工具未完全恢復，來往九龍及新界的客貨運輸只好倚靠單車隊，每架單車可載乘客一人，車資以路程長短計算，例如從九龍前往荃灣，每人收費五十錢；從九龍前往元朗，每人收費一元五十錢。[27]

燃料供應短缺亦令香港出現了馬車服務，當中分為載客和載貨兩種，服務路線包括由尖沙咀往返九龍塘，尖沙咀往返深水埗，深水埗往返九龍城。營運商並且提供租車服務，車資為一小時五元軍票、兩小時七元軍票、三小時十元軍票、四小時十三元軍票。[28]1943 年 1 月 27 日，九龍馬車公司開闢第二條路線，由尖沙咀碼頭往返深水埗碼頭，沿途分站分別是公眾四方街（油蔴地市場）和荔枝角道（大華酒家），每站收費為十錢。營運時間由早上八時至晚上十時，班次為每十五分鐘一班。[29]

其他以人力推動的交通工具還有人力板車，這是一種穿梭於大街小巷，提供貨運服務，以數人拉推的兩輪車。

渡輪：連接港內港外

海上交通方面，香港的港內渡輪服務是最早恢復營運。日治政府首先重開天星小輪往來中環與尖沙咀的航班，但由政府營運。1942 年 1 月 8 日，香港油蔴地小輪公司派代表跟日治政府商討復航事宜，並且表示該公司的船隊可以在三日內復航。[30]

復航的油蔴地小輪，只分頭等和三等，頭等是指上層客艙，客座較為寬敞舒適；三等是指下層客艙，環境與上層算是有天壤之別的分野。在一篇題為〈渡海見聞〉的報導中，記者「鐵峰」提及了由油蔴地小輪公司營運的「香港—旺角—深水埗」線，在 1944 年 9 月 12 日提升票價：頭等是一元五十錢，三等是五十錢。加價因素主要是受到燃料漲價影響。他亦描繪了票價提升後的三等客艙景況：

> ……市民不堪過量消費，因而即使向日搭慣頭等的人，至是也改搭三等，這樣一來，三等客艙就感到了「插針不下」地極度擁擠。姑無論悶熱的天氣與人氣燻蒸。有碍衛生。就一上一落的情形——單車、三輪、四輪貨車、柴担、雞鴨担，和攜帶包裹、傢俬等的興大量乘客擠作一團——而論，已常有發生危險的可能……[31]

油蔴地小輪公司亦提供「官廳所屬（及部隊）用之公用回數券」，每本四十張，售價四十元。除乘客外，單車每輪收費為三元，行李每件為兩元五十錢。[32]1945 年 3 月 7 日，「香港—尖沙咀」航線、「香港—油蔴地」航線、「香港—深水埗」航線的船費再作調整，而乘客可在「東亞交通公社」購買新的「普通回數券」、「公用券」及「通勤券」。[33]

渡海小輪再度加價後，「鐵峰」在〈渡海小輪・加價以後〉一文中描述了旺角碼頭清晨的情景：

> 旺角碼頭，是位於油蔴地與深水埗之中心地點，各區附近住民之每日必須渡海作業者，多就近到旺角碼頭趁船，而一般魚、菜、鮮花、柴薪等小販，及渡海接客之單車，每日都在晨間八時四十五分（弍渡）至九時卅分（三渡）這兩班船渡海，以適應其作業和營業時間。故每日當這兩個時候，旺角碼頭實在「旺」到不可開

交，所有往返的男男女女，和菜担、魚担、肉担、單車、行李、傢俬，乃至一切食物小販……都像趁墟趕集般的站滿了碼頭的三等候船處，萬頭攢動，擁塞不通，其擠迫情形，就使吳道子和鄭俠復生，相信也難於描劃。[34]

除往返維多利亞港兩岸的渡海小輪復航外，港外航線亦陸續恢復航行，包括「元香港—赤柱」航線的渡輪服務，[35] 以及往返離島的渡輪。1943 年 2 月 9 日刊印的《華僑日報》，其〈民家丸試乘記·香港長洲之海道新航〉的報導，記述了記者試乘往長洲的新渡輪情形：

民家丸是泊先施公司對開的碼頭的，上午十一時是第一次在港開航時間，在碼頭鐵閘購票後，檢查了痘證即可登輪。票價樓下是一円，樓上是一円十錢。自然這個價目比起了從前的香貨〔按：香港貨幣〕一毫與三毫半的票價，不免略貴，但比起了由私梟偷渡來往，嘗見索價至香貨十元八元的時期，卻又覺得現在所訂的價目非常便宜。[36]

來往香港與離島及新界地區的渡輪服務，亦是由油蔴地小輪公司提供，開辦航線包括「長洲」航線和「大澳」航線，兩線沿途接駁其他島嶼，如長洲接駁坪洲、梅窩；大澳接駁青山。為迎合貨運需要，每班次開返香港時，都拖帶船隻，以此增加載貨量。[37] 來往香港與新界的渡輪，曾因燃料短缺而停航一週。復航後，「青山—大澳」航線改為單日由青山開出、雙日由大澳開回，另外，渡輪亦拖帶四艘大艇，運載漁農產品。而「長洲—梅窩—坪洲」航線，單日由港島開出，雙日返回港島。[38]

除恢復港島與九龍之間、港島與離島之間的渡輪服務外，日佔時期尚有行駛香港至滬、省、澳的航線。從 1945 年 4 月 2 日的《華僑日報》內刊登的「粵澳線船期表」，可知「粵—澳」航線是包括由「內河運營組合」營運的「廣東」航線及「澳門」航線，來往粵、港為四班，「海珠丸」的「航程時刻表」為 3 日、11 日、19 日、21 日出港；6 日、14 日、22 日、30 日入港。來往港、澳為兩班，「福海丸」的「航程時刻表」為出港於 10 日、25 日；入港於 13 日、28 日。[39]

結語

香港淪陷以後，儘管日治政府嘗試恢復市面的交通運輸，讓市民過回正常的生活，但礙於燃料供應的不穩定及不足夠，交通運輸始終沒法全面恢復正常，為市民的日常生活帶來了極大的不便，並阻礙了正常的工商業活動。燃料供應的問題，跟日軍在太平洋戰場上的節節失利，被盟軍切斷運輸線有著極大的關係。

註釋

1 按：「山王台」即堅尼地城。

2 梅谷興正：《攻略後二於ケル香港》（香港：台灣銀行香港支店，1942 年 12 月），頁 55-58。

3 按：「競馬場」即跑馬地。

4 梅谷興正：《攻略後二於ケル香港》，頁 55-58。

5 見《華僑日報》，1944 年 6 月 4 日，〈電車纜車滄桑錄〉條。

6 見《華僑日報》，1944 年 6 月 4 日，〈電車纜車滄桑錄〉條。

7 見《香島日報》，1943 年 3 月 20 日，〈世外桃源〉連載通俗小說。

8 見《香島日報》，1943 年 4 月 14 日，〈香港的清晨〉條。

9 見《華僑日報》，1944 年 6 月 4 日，〈電車纜車滄桑錄〉條。

10 見《華僑日報》，1944 年 6 月 9 日，〈堤交通部長闡釋．目前交通諸問題〉條。

11 "Kowloon Bus Schedules." *Hongkong News*, 27 March, 1942.

12 見《華僑日報》，1944 年 8 月 12 日，〈恢復巴士計劃待批覆．十五日左右方可公布〉條。

13 見《華僑日報》，1944 年 8 月 18 日，〈本港東西兩綫巴士．今晨恢復載客來往〉條、〈另外一線．往元港〉條。

14 見《華僑日報》，1944 年 8 月 18 日，〈巴士復行〉條。

15 "Governor Isogai." *Hongkong News*, 25 March, 1942.

16 見《香島日報》，1942 年 7 月 1 日，〈廣九鐵路，限制載客〉條。

17 見《香島日報》，1942 年 8 月 1 日，〈廣九鐵路油蔴地粉嶺站，今日起不限制搭客〉條。

18 見《華僑日報》，1944 年 6 月 4 日，〈電車纜車滄桑錄〉條。

19 見《香島日報》，1942 年 6 月 26 日，〈登山纜車恢復〉條。

20 按：「香ケ峯」即太平山。

21 「總督部」《公示》《香督令》，昭和十七年公示第五十七號。

22 見《華僑日報》，1944 年 6 月 4 日，〈電車纜車滄桑錄〉條。

23 "Official & Publications." *Hongkong News*, 27 March, 1942.

24 見《香島日報》，1942 年 6 月 27 日，〈新香島．黃包車伕〉條。

25 陳君葆著，謝榮滾主編：《陳君葆日記全集》（香港：商務印書館，2006 年），卷二〈1941-49〉，頁 197。

26 見《華僑日報》，1944 年 9 月 26 日，〈乘客自轉車〉條。

27 見《香島日報》，1942 年 8 月 10 日，〈行走九龍新界間・單車隊應運而生〉條。

28 "Great Interest." *Hongkong News*, 5 September, 1942; "Horse-Drawn Carriages in Kowloon." *Hongkong News*, 5 December, 1942.

29 見《香島日報》，1943 年 1 月 27 日，〈馬車公司，開闢第二線〉條。

30 "H.K.-Tsumtsatsui Ferry Under New Control." *Hongkong News*, 3 March, 1945.

31 見《華僑日報》，1944 年 9 月 26 日，〈渡海見聞〉條。

32 見《華僑日報》，1944 年 9 月 9 日，〈香港油蔴地小輪有限公司通告〉條。

33 見《華僑日報》，1945 年 3 月 9 日，〈各線小輪・新卷開售〉條。

34 見《華僑日報》，1945 年 3 月 9 日，〈渡海小輪・加價以後〉條。

35 見《華僑日報》，1944 年 6 月 1 日，〈元香港赤柱小輪・如常開行〉條。另按：「元香港」即香港仔。

36 見《華僑日報》，1943 年 2 月 9 日，〈民家丸試乘記・香港長洲之海道新航〉條。

37 見《華僑日報》，1944 年 8 月 13 日，〈小輪貨脚修正〉條。

38 見《華僑日報》，1944 年 11 月 14 日，〈新界小輪復航〉條。

39 見《華僑日報》，1945 年 4 月 2 日，〈本月份・粵澳線船期〉條。

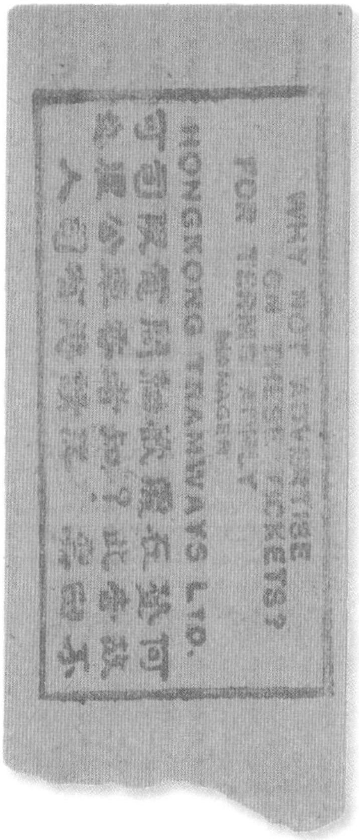

㊨ 編號「tW8854」的香港電車有限公司三等車票，票面上蓋有「屈地街」印章。當時車費為三仙。

㊧ 編號「tW8854」的香港電車有限公司三等車票背面，票面上印有電車公司的宣傳廣告，邀請商戶在車票背面刊登廣告。

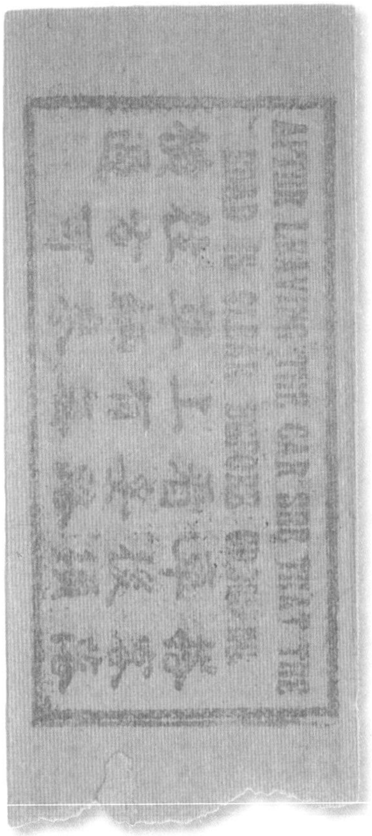

㊨ 編號「iC4356」的香港電車有限公司三等車票背面，票面上印有中英文標語：「搭客落車後須看路上有無車輛來往方可橫過」。

㊧ 編號「iC4356」的香港電車有限公司三等車票，票面上蓋有「電氣廠」印章。「電氣廠」即「北角發電廠」（現今的電氣道）。

㊨編號「ニソ0005196」的由「總督部電車事務所」發行的三等電車車券。

㊧編號「iX8823」的香港電車有限公司三等車票，票面上蓋有「八幡通五丁目」印章。日佔時期，部份主要街道更改成日本名字，「八幡通」即「東海旁」（現今的莊士敦道及部份軒尼詩道）。

㊨ 一九四二年七月十九日刊登於《香港日報》（日文版）的單層電車照片。電車前的「荷物車」是日文漢字，意思是行李車箱。

㊧ 編號「X1997」的香港電車有限公司三等車票，票面上蓋有「壹等」及車資「金貳拾圓」字樣。

編號「A3610」的九龍汽車有限公司車票，原本的車資是「頭等壹毫半」，日佔初期蓋上「暫作．港幣毫六．軍票八錢」字樣。車票上印有分站名字，當中「黃屋村」位於長沙灣；「紀念碑」是指一九〇六年九月十八日發生「丙午風災」期間，法國魚雷艇「投石號」(La Fronde) 在維港沉沒，法籍船員五死二十五傷，後來有民間組織在九龍加士居道豎立了「投石號紀念碑」。

㊤日佔時期的「香取通」（彌敦道）。圖中除可見有數架巴士在街上行走外，左邊還隱約看到淪陷時期香港市民另一種常用的交通工具：單車。

㊦日佔時期的「香取通」（彌敦道）。圖中可見已有巴士在街上行走，旁邊還看到兩位疑似騎馬人士與巴士擦身而過。

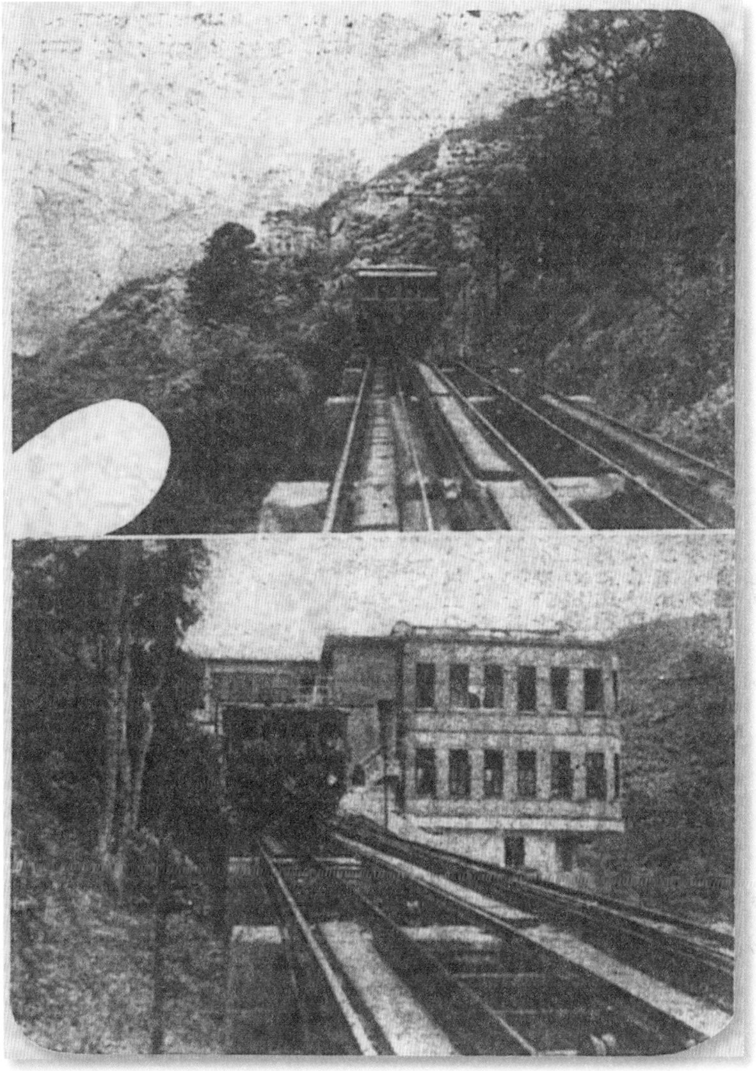

一九四二年七月二日刊登於《香港日報》（日文版）的山頂纜車照片。

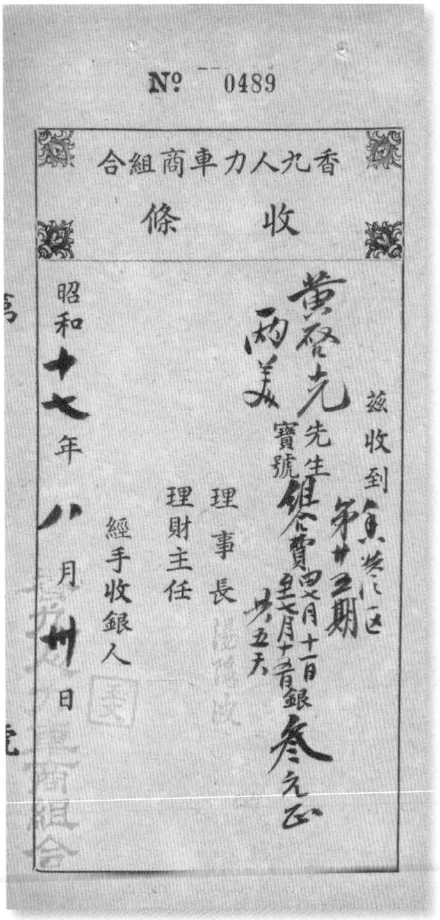

№ 0489

香九人力車商組合

收條

茲收到[illegible]第廿五期

黃啓光先生

兩美寶號

組合費自七月十一日至七月十五日共五天銀叁元正

理事長

理財主任

經手收銀人

昭和十七年八月卅日

一九四二年八月三十日由「香九人力車商組合」簽發的租車收條。

人力車是一般市民在日佔時期常用的交通工具之一。圖為兩架途經香港滙豐總行大廈的人力車。淪陷期間，香港滙豐總行大廈成為「香港占領地總督部」。

㊨ 編號「玄 0107」的「九龍行乘船券」。

㊧ 編號「GC048932」的香港油蔴地小輪船有限公司三等船票，航線來往灣仔與佐敦道，票價是壹毫。票面上蓋有「忠」字印章。

編號「荒 01823」的「香港自動車運送會社」車券。

05

諸多限制的
郵政服務

二十世紀中葉，郵政服務是當時香港市民之間互通消息的主要方法。香港郵政服務早在 1841 年已經成立，1941 年 12 月 25 日香港淪陷後，為香港郵政史寫下了不一樣的篇章。

修訂郵政法例

日佔時期的郵政服務，在 1942 年上旬便恢復運作，因戰前的郵政規例已不適用，故此，日治政府在 1942 年先後頒佈了《香督令》法律第十二號〈改訂郵費〉、法律第十八號〈郵便物發送上之限制〉、法律第二十八號〈通常郵便之種類及郵便規定〉和法律第二十九號〈第三種郵便物規則〉來配合其殖民統治。根據上述多條在 1942 年頒佈的條例，市民郵寄信函除受到限制外，亦可以瞭解到當時日本在亞洲的勢力範圍。

法律第十二號〈改訂郵費〉內列明了從香港寄件的郵遞區域，包括日本領土、「中華民國」境內、「滿洲國」境內。當中日本領土包括關東州和南洋群島。1898 年，俄國勢力入侵了中國東北，強行租借旅順和大連。1905 年爆發的日俄戰爭，使兩地的統治權落入日本人手中，他們在當地成立「關東州」。日本統治的「關東州」，其地方統治架構曾經歷過三次調整，每次改變都是為了進一步加強殖民化，包括在「關東州」設置市制與會制，成為行政上的輔助機構。而南洋諸島是指第一次世界大戰後，日本根據在巴黎和會上列強簽定的條約，得到了原屬德國的在太平洋的殖民地加羅林群島和馬里亞納群島。「中華民國」境內是指汪精衛（1883-1944）傀儡政權統治下的地區，而「滿洲國」境內則是指 1934 年由日本扶植的，以愛新覺羅・溥儀（1906-1967）為皇帝的傀儡政權。

1942 年 4 月 1 日，香港和蘇聯、土耳其、保加利亞、瑞士、西班牙、葡萄牙的非洲殖民地恢復通郵。以上各國皆是中立國或當時非與日本處於戰爭狀態的國家。隨著馬來亞、星嘉坡等東南亞地區，在 1942 年相繼被日本佔領，香港與上述地區的郵政服務得以陸續恢復。1942 年 5 月 13 日的《華僑日報》便刊登了與東南亞地區復郵的新聞。根據該篇題為〈本港與南方占領地・郵遞開始恢復〉的報導，由 5 月 15 日起，香港與東南亞的通郵地區，包括菲律賓、棉蘭老島、馬來亞、蘇門答臘、爪哇、北婆羅洲。投寄者不分國籍，但收件人只限於當地的日本人，這項措施維持至當年11月1日。[1]

郵政服務局部恢復後，政府在不同時期，透過頒佈法令來對郵件投遞作出規管。1942年上旬頒佈的《香督令》法律第十八號〈郵便物發送上之限制〉內便列出了投遞者應負的責任和注意事項：

> 第十八號〈郵便物發送上之限制〉
>
> 一、凡發送郵便物必明記發送人之住所、姓名、若發送人或收件人非日本人者必須明記其國籍。
>
> 二、發送往外國〔中華民國及滿洲國除外〕之郵便物勿預貼郵票務必到郵便局或郵便分局之窗口發送。
>
> 三、不可使用二重信封及私製明信片但在日本占領地區之往返郵便物及發送日本領土〔關東州租借地及南洋群島包含之內〕之郵便物不在此限。
>
> 四、郵便物用語以日語、華語、滿洲語、英語為限。
>
> 五、違反前記各項之規定者則沒收其郵便物。
>
> 昭和十七年五月一日起施行。[2]

1942年7月的《公示》第二十八號〈通常郵便之種類及郵便規定〉則詳細列舉各種郵政服務及收費價格。而第二十九號〈第三種郵便物規則〉則著重於郵寄刊物類別，如第一條〔四〕：「以報道或議論有關政治、經濟、法律、學術、教育、宗教、產業、藝術、技藝、趣味、及其他性質之事項為發行目的及對公眾發售者。」[3]1943年3月1日起，可記掛號信件至菲律賓島、馬來亞、蘇門答臘、北婆羅洲、緬甸、爪哇，郵費是每件十二錢。[4]

1944年10月17日，香港透過紅十字會與海外開展郵政服務。根據同年頒佈的《公示》第八十六號，列出了郵政服務的規則，根據《華僑日報》的報導，其內容如下：

> 敵國人、第三國人，及欲與居住敵國之親朋故舊通信之日人為限。通信內容亦僅限於探詢家族平安消息及其回信。通信方法，須填用日本紅十字社所制定之用紙，以與假名文字五十字相當之日本文或英文記載之。附具費用，每件一元五十錢，送交香港郵便局辦理。通信次數，若由同一家族發信者，每兩個月，以一次為限。本項通信，須經日本紅十字社及日內瓦紅十字國際委員會。[5]

1945 年 1 月，「內河運營組合」轄下的輪船航行班次減少，香港與廣東之間的郵遞遂改由九廣鐵路運送。[6] 6 月 27 日，郵政範圍縮窄至只限香港至廣東省及澳門。另每星期收信兩至三次。

重開郵政局

隨著郵政服務恢復運作，個別郵政局陸續重開，繼續為市民提供服務。最早恢復服務的是香港中央郵政局和九龍中央郵政局，其他郵政局亦陸續投入服務。各區郵政局重開日期，詳見下表。

郵政局	重開日期
香港中央郵局	1942 年 1 月 22 日
九龍中央郵局	1942 年 1 月 22 日
灣仔郵政局	1942 年 2 月 14 日
上環郵政局	1942 年 2 月 14 日
油麻地郵政局	1942 年 2 月 14 日
深水埗郵政局	1942 年 2 月 14 日
九龍城郵政局	1942 年 2 月 14 日
西營盤郵政局	1942 年 3 月 26 日
元朗郵政局	1942 年 3 月 26 日
大埔郵政局	1942 年 3 月 26 日
赤柱郵政局	1942 年 5 月 1 日
九龍塘郵政局	1942 年 11 月 15 日

（資料來源：Susanna Lai-kuen Siu, "War-time Postal History of Hong Kong Illustrated by Philatelic Items of the Museum", in Joseph S. P. Ting and Susanna Lai-kuen Siu〔eds.〕, *Collected Essays on Various Historical Materials for Hong Kong Studies*〔Hong Kong: Urban Council, 1990〕, p.83。）

上述多間郵政局，以九龍城郵政局的服務時間最短，主要是受啟德機場擴建工程影響，由於該郵政局位於擴建地段，因此在 1942 年 11 月 14 日關閉，取而代之的是新設立的九龍塘郵政局。

除了郵政局恢復運作外，設於街上的郵筒在 1942 年 5 月 1 日亦相繼恢復運作，週一至週五收信兩次，分別為早上十一時和下午兩時，週六只在上午十一時收信，週日則全面停止。[7]1944 年則改為市內郵筒，每日早上九時和下午兩時收件；市外郵筒，每日早上九時收件，而郵政局的收信時間則是下午關閉時。為配合船期，投遞者能在開船前一天上午在郵政局投函，就可以確保郵遞沒有延誤。[8]

發行通用郵票

香港是日本發動太平洋戰爭（1941-1945）後所佔領的第一個地方，其他戰線仍然在激烈的戰鬥之中，因此日軍無暇兼顧一些非緊急事項。另外，根據日本殖民地區的例子，如關東州、台灣，都是採用日本本土的通用郵票，因此，日治政府在香港同樣使用日本本土的通用郵票。從 1942 年 1 月起，首先推出面額為一錢、兩錢、三錢、四錢、十錢和三十錢的郵票。這六枚通用郵票的設計，包括日本著名將領、建築物和「田沢圖案」，其面額、圖案、顏色詳見下表。

郵票面額	圖案	顏色
一錢	「田沢圖案」	黃色
兩錢	乃木希典陸軍大將	紅色
三錢	水利建設	綠色
四錢	東鄉平八郎海軍大將	深綠色
十錢	日光陽明門	紅色
三十錢	嚴島神社	藍色

上述六枚郵票的圖案都有著它們背後的意義，當中包括兩名曾參與日俄戰爭的主要將領：乃木希典（1849-1912）和東鄉平八郎（1848-1934）。日俄戰爭在日本史上佔有一個非常重要的位置，日本以一個亞洲小國一舉擊敗歐洲列強俄國，一躍成為列強中的後起之秀，令西方列強刮目相看。[9]

日俄戰爭期間，為奪取俄國太平洋艦隊母港，日本陸軍曾包圍遼東半島旅順港口，與俄軍展開了持續五個月的戰鬥，成功攻佔了屬於中國領土的旅順，史稱「旅順會戰」。乃木希典就是該場戰役的最高指揮官。東鄉平八郎則是日本聯合艦隊司令官。1905 年 5 月 27 日在對馬海峽擊敗俄國的波羅的海艦隊。此役是日俄戰爭的關鍵，奠定了日本取得最終勝利。

至於那三座建築物包括了兩座日本傳統建築：日光陽明門和嚴島神社。日光東照宮是德川將軍家族的家廟，以紀念德川家康（1543-1616）神話後的「東照大權現」。當中陽明門是日光東照宮中的核心建築之一。陽明門是以明朝思想家王陽明（1472-1529）命名，門樓金碧輝煌，門柱、門楣、屋檐裝飾著許多精細的靈獸、花鳥與人物等各式雕刻。陽明門盡顯日本江戶時代（即德川時代，1603-1867）的建築成就，帶有一點炫耀國力的意味。而懸於瀨戶內海上的大鳥居是嚴島神社的主要建築物。嚴島相傳是女神居住的靈島，因此逐漸成為神道信仰的中心。而神社內的鳥居，則主要用以區分神域與人類的世界。

有別於其他五枚郵票，一錢郵資的是一枚「田沢圖案」票。「田沢圖案」可追溯至明治（1868-1912）初期的日本郵政改革。「田沢圖案」稱呼中的「田沢」是日本姓氏。明治初期，為了改革日本郵政，政府舉辦了郵票設計比賽，當時在官方「印刷局」工作的田沢氏的設計勝出了比賽，自始該款圖案的郵票就被稱為「田沢圖案」。[10] 及後，其他日本本土通用郵票亦陸續運抵香港，並且推出使用。

1942 年 6 月 13 日的《香島日報》報導，香港將仿效日本在街頭郵筒附近，設立郵票代售處，方便市民投遞信件。[11] 同年 6 月中旬，港九各區已設置郵筒八十個之餘，更有四間商店代理售賣郵票，包括（一）八幡通 406 號普之堂；[12]（二）西明治通 429 號人和堂；[13]（三）香取通 650 號華南藥局，[14] 經售人陸昌；（四）蕪湖街 96 號廣榮酒莊，經售人劉遊存。[15] 7 月上旬，郵票代售處已增加至十間，後來再增至十三間，包括筲箕灣金華街 23 號廣合雜貨店、北角電氣道 74 號生生堂藥店、灣仔軒尼詩道 47 號陳德興洋服店、東昭和通 [16] 207 號至 223 號永安公司等十三間商店。[17]

太平洋戰爭期間（1941-1945），海運受到嚴重打擊，連帶香港的郵票供應亦受到影響。1942 年 8 月 15 日，郵政局表示通用郵票已經全部售罄，市民投寄郵件時，在支付郵費後，郵政局在信封上以蓋印形式代表已付郵費。[18]

著名報人薩空了（1907-1988）曾記載，1942 年下旬有報紙報導了香港可以與外地通郵的消息，並且公佈了郵遞收費是以軍票為單位：「（一）港九中日「滿」，信件每二十公分，四錢；印刷品二十公分，三錢；明信片，二錢。（二）泰國、越南、澳門，信件每二十公分，二十錢；印刷品五十公分，四錢；明信片，十錢。」[19]

到了 1945 年 4 月 15 日，日治政府頒佈《香督令》法律第三十七號，宣佈於 4 月 16 日起調整郵遞收費。因應郵費增加，三種郵票分別更改銀碼：（一）兩錢改為三元；（二）一錢改為元半；（三）五錢改為五元，明信片郵資亦作出調整。在郵費改動下，郵政局在郵票票面上加蓋「暫定三圓．香港總督部」字樣。[20]

蓋上紀念郵戳

從香港寄出的信件，都蓋有投寄信件的郵政局郵戳。日佔時期的郵戳是二十四毫米，附有內圈的圓形郵戳。1942 年 12 月 7 日，「新香港」成立一週年，郵政局使用了「紀念」郵戳來蓋銷在各郵政局零售的「大東亞戰爭一週年」紀念圖繪明信片。明信片上印有「檢閱濟」或「許可濟」，即表示該圖像已經通過了官方或軍方審批。

為紀念「大東亞戰爭」一週年，「香港占領地總督部」發售了一套紀念明信片，每套兩張，定價二十錢。市民購買全套，附有特製之紙摺。紙摺圖像是由尖沙咀遠眺「總督府」的水彩風景畫。兩張明信片分別是：（一）「競馬場全景油畫」；（二）「英艦『添磨號』自沉處附近風景油畫」。市民購買明信片後，只要貼上兩分郵票，便可在明信片上蓋上「大東亞戰爭一週年紀念．17．12．8．香港」紀念郵戳。[21]

結語

日佔時期的香港郵政不只是香港郵政史上特別的一章，更由於「香港占領地」是採用日本本土的通用郵票，亦將香港的郵政服務寫進了日本郵政史內。郵遞服務的演變正好說明了二次大戰期間不同階段的日本的勢力範圍，而明信片上的圖像，亦為日佔時期的香港留下了片片印記。

註釋

1 見《華僑日報》，1942 年 5 月 13 日，〈本港與南方佔領地・郵遞開始恢復〉條。

2 「香港占領地總督部」公佈：《香督令特輯》（香港：亞洲商報，1943 年），頁 10。

3 「香港占領地總督部」公佈：《香督令特輯》，頁 30。

4 《公示》1943 年第十三號〈通常郵便之種類及郵便規定〉，見於《香島日報》1943 年 2 月 28 日，〈公示・第十二號〉條。

5 見《華僑日報》，1944 年 10 月 17 日，〈總督部開辦・本港對外紅十字通信〉條。

6 見《華僑日報》，1945 年 1 月 31 日，〈粵港郵件運輸・改由火車〉條。

7 見《華僑日報》，1942 年 5 月 3 日，〈郵筒・每日收信兩次〉條。

8 見《華僑日報》，1944 年 10 月 11 日，〈收信時間〉條。

9 Kenneth G. Henshall, *A History of Japan: From Stone Age to Superpower*, 2nd Edition (Houndmills, Basingstoke: Palgrave Macmillan, 2004), pp.94-95.

10 *Changes in Japanese Postage Stamps (4/9)*, http://www.indonesianewsonline.com/prangko/stamps/4s.htm（瀏覽日期：2015 年 3 月 10 日）。

11 見《香島日報》，1942 年 6 月 13 日，〈街頭郵箱附近・將設郵票代售處〉條。

12 按：「八幡通」即莊士敦道及部份軒尼詩道。

13 按：「西明治通」即皇后大道西。

14 按：「香取通」即彌敦道。

15 見《香島日報》，1942 年 6 月 17 日，〈郵票代理・已設兩間〉條；1942 年 6 月 18 日，〈郵票代理處・九龍新設兩家〉條。

16 按：「東昭和通」即德輔道中。

17 見《華僑日報》，1942 年 7 月 3 日，〈郵票代售處・又增十三間〉條。

18 見《香島日報》，1942 年 8 月 15 日，〈郵便局郵票售罄・信上蓋印暫代郵票〉條。

19 薩空了：《香港淪陷日記》（北京：三聯書店，1986 年），頁 193。

20 見《華僑日報》，1945 年 4 月 17 日，〈郵費增加後・三種郵票改銀碼〉條。

21 見《華僑日報》，1942 年 12 月 8 日，〈紀念明信片・昨日先行發賣〉條。

右 日佔時期，香港所使用的郵票是日本本土的通用郵票，當中五錢和七錢面額郵票上的肖像，都是「東鄉平八郎海軍大將」。

左 蓋有「九龍油蔴地」郵局郵戳的明信片。郵戳上的「**18.12.8**」是指「昭和十八年十二月八日」，即「香港保衛戰」爆發一週年。

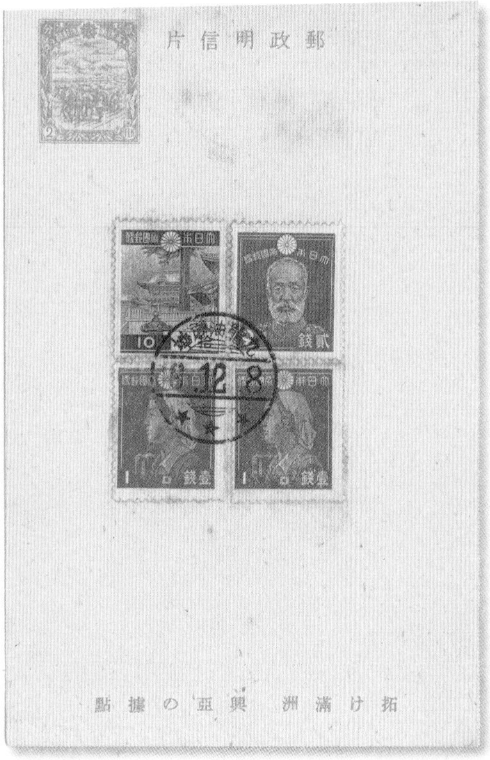

㊨ 日佔時期的明信片，亦用作宣傳之用，圖中明信片下方的「搖がぬ家庭に保險の柱」，意思是「保險是家庭不可動搖之柱」。

㊧ 明信片上的四枚郵票，壹錢面額郵票上的肖像是一名女工、貳錢面額郵票上的肖像是「乃木希典陸軍大將」、拾錢面額郵票上的圖像是「日光陽明門」。

一九四三年的實寄封，當中四錢面額郵票上的圖像是「八紘基柱與富士山」、拾錢面額郵票上的圖像是「大東亞共榮圈」。

九龍城門貯水池二五五高地の奮戰

伊勢正義筆

大東亞戰爭陸軍作戰記錄畫（陸軍省貸下）

日本畫家伊勢正義繪畫日軍夜襲九龍水塘二五五高地情景。二五五高地即大帽山附近的孖指山。

香港島最後の總攻擊圖
（陸軍省許可濟）
香港方面陸軍派遣　山口蓬春

日本隨軍畫師山口蓬春筆下的日軍攻擊香港島的畫作。該作品現藏於日本東京國立近代美術館。

香港ニコルソン附近の激戰
（陸軍省許可濟）
香港方面陸軍派遣　宮本三郎

日本畫家宮本三郎筆下的「聶高信山戰役」。根據日本防衛廳防衛研究所戰史室著作，「聶高信山戰役」由十二月二十日清晨開始，至晚上九時結束，攻守雙方均傷亡嚴重。

香港黃泥涌高射砲陣地奪取

小磯良平筆

日本畫家小磯良平筆下日軍攻擊黃泥涌峽情景。日軍於十二月十九日早上十時三十分，包圍及攻擊駐守於黃泥涌峽道旁的英軍西旅指揮部，結果加軍司令兼西旅旅長羅遜准將及其僚屬全體殉職。

香港に於ける酒井司令官、ヤング總督の會見　伊原宇三郎筆

大東亞戰爭陸軍作戰記錄畫（陸軍省貸下）

日本畫家伊原宇三郎筆下香港政府向日軍投降情景。一九四一年十二月二十五日晚上七時，港督楊慕琦與日軍酒井隆中將在尖沙咀半島酒店內舉行投降儀式。

㊨ 明信片背面註明是由「香港印刷工場」印刷。

㊧ 明信片背面註明是由日本「陸軍美術協會」發行。戰爭期間，「陸軍美術協會」會派遣隨軍畫師以畫筆記錄戰事實況。

堀內書店發行的「香港風景」明信片封套，內有八張明信片，定價二十五錢。堀內書店位於必打街（即現今的畢打街）十二號。

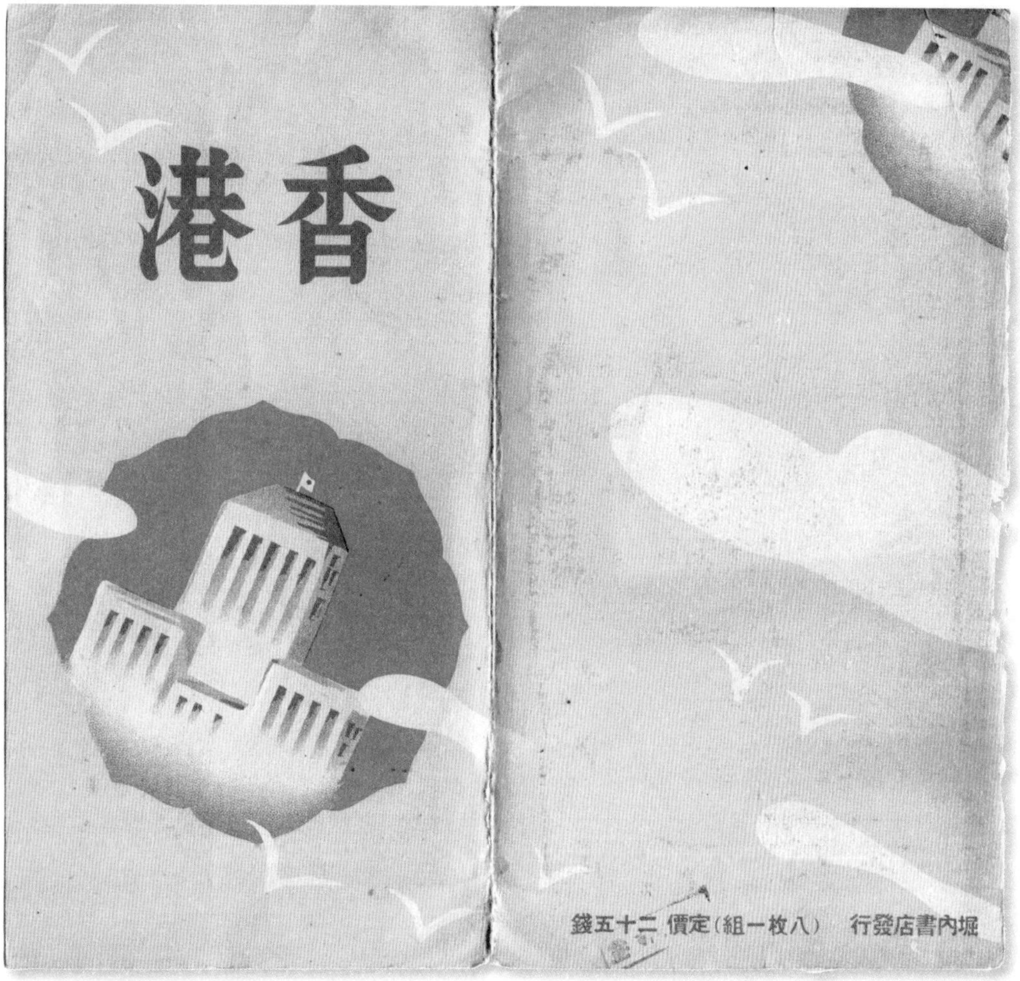

堀內書店發行的「香港」明信片封套，內有八張明信片，定價二十五錢。圖中繪有懸掛日本國旗的「香港占領地總督部」(原為香港滙豐總行大廈)。

從「大正公園」（即現今的香港動植物公園）遠眺中上環。「大正公園」在一九四二年後期封閉，以修建「香港神社」。

㊨ 攘來熙往的中明治通（即現今的皇后大道中）。

㊧「大正公園」附近的道路，約現今的羅便臣道。

位於薄扶林的「香港牧場」，前身是牛奶公司的薄扶林牧場。

香港仔在日佔時期易名為「元香港」。圖中山崗上的華南總修院（即現今的聖神修院）在日佔時期曾一度停辦。

日治政府以大埔為新界的管治中心，商業活動亦只限於個別發展的墟市，大部份鄉郊地區仍保持著傳統的農村生活。圖中為元朗地區。

上方印有「國境深圳附近（新界）」字樣的明信片。深圳與香港只是一河之隔，早在一九三八年深圳已被日軍佔領，一九四〇年代初仍是一個農業地區。

06

宣揚和魂的
殖民教育

香

「香港保衛戰」期間，不少學校受到戰火蹂躪，皇仁書院屋頂的窗戶就全被拆去，「彷彿大轟炸一樣，只四壁還完整」，[1] 另外一些學校則被日軍徵用，像聖瑪加利女校就成了日軍憲兵部。[2] 除校舍受到戰爭破壞之外，由於日治政府實施「歸鄉政策」以縮減人口，令適齡入學兒童人數銳減，一些學校只能勉強維持下去。

1942 年 8 月 27 日，《香港日報》（日文版）報導了位於麥當奴道 33 號的聖保羅女子中學校舉行畢業典禮，該年的畢業生只有六名：三名來自中學部，三名來自小學部。[3] 畢業生不足正是淪陷初期香港教育的寫照。

基礎教育

日佔時期香港的教育事務，是由「民治部」屬下的「文教課」管理。1942 年中旬，「文教課」陸續批准學校復課，當中以小學和幼稚園為主。1942 年 6 月 3 日，「文教課」共批准六所小學及兩所幼稚園復課，其中三所小學位於新界。

這六所小學分別是：私立赤柱街坊幼級小學校、私立深水埗小學校、私立新界大埔小學校、私立光大鐘聲聯立小學校、私立八鄉同益小學校、私立聖嬰小學校；兩所幼稚園分別是：私立聖保祿女子學校附屬幼稚園、私立深水埗幼稚園。[4]1942 年 8 月 14 日，「文教課」再認可十二所小學復課，當中包括私立印童小學校。[5] 同月 19 日，「民治部」部長暢談教育等問題時表示，全港只有三十一所學校運作，學生只有三千人。

低下階層的市民未必有能力安排子弟入學，所以日治政府有意設立免費學校，使貧困兒童得到接受教育的機會。[6]1943 年 4 月，當局批准開設以保育為主的西本願寺幼稚園，日本孩童亦可以報名入學。[7]

磯谷廉介總督（1886-1967）抵港履新後，定期巡視學校。他曾巡視的包括知行中學、聖保祿女子中學、培正女子中學、港僑中學、華仁中學、西南中學、聖類斯中學。陪同巡視的包括「民治部」部長，「教員講習所」所長，華民代表陳廉伯（1884-1944）、李子芳（1891-1953）等人。[8] 當參觀了十多所學校後，磯谷廉介決定在香港成立一所官立學校，用以提倡「東亞文化」。[9]

1943年3月3日，「總督部」頒佈《香督令》第十一號，制定官立香港東亞書院規程。官立香港東亞書院校址設於聖士提反女書院，提供兩種課程：（一）一年制普通科；（二）兩年制高等科。普通科的入學資格包括年齡不超過十八歲，具備高等小學畢業或同等學歷；高等科的入學資格包括年齡不超過二十二歲，具備高等中學程度或同等學歷。

官立香港東亞書院教授的科目如下：

普通科	高等科
國語科	國語科
修身公民科	修身公民科
體鍊科	體鍊科
音樂科	音樂科
簿記	簿記
珠算	珠算
	教育科及法規
	商事要項及法規
	家事科〔女生〕

「國語科」包括說話法、會話、作文、文法等內容，而高等科學生更要接受中日語翻譯訓練。眾多科目中，「修身公民科」是屬於帶有強烈東洋思想的「國民教育」，包括東洋精神、日本事情、日本道德及禮法、東亞為主體之地理、歷史概要。「體鍊科」則包括競技和武道等崇尚大和精神的運動。[10]

1943年3月20日頒佈的《公示》第十八號，列出了官立香港東亞書院的收生人數及教學目標：普通科招收約二十名男生，以「施以服務於官衙、會社、銀行等所必要之教育，以圖養成簡易之實務員」為目的；高等科招收約三十名男生、二十名女生，第一學年「施以適應新事態之師範教育，以圖養成中國方面之學校教員」，第二學年只限男生修讀，招生約三十名，「施以服務於官衙、會社、銀行等所必要之教育，以圖養成中堅實務員」。[11]

隨著太平洋戰爭（1941-1945）形勢的逆轉，官立香港東亞書院的教學方針亦有所調整。1945年3月，日治政府闡明要革新官立香港東亞書院，除了貫徹其教育目的之外，亦希望達致「日華一體」。革新內容是由院長以下全體師生，必須居住在宿舍內過團體生活，經費由政府負責。[12]

私立小學收取的費用非貧苦大眾所能負擔，而官立香港東亞書院的學位亦處於「僧多粥少」的情況。為了貧困兒童亦能接受教育，「香港華民慈善總會」特別撥款資助貧窮學童，名額是四百名，受資助者分別送往港九各區共二十二所學校就讀一至四年級。申請者須前往所屬地區「區役所」登記，報讀二至四年級的學生需要參加入學試。入學試考核科目包括國文、算術、常識。[13]「香港華民慈善總會」議定撥款資助三百二十名學童入學，並且交由「兩華會」的教育小組負責分配。貧民子弟申請學額後，需要經過考試合格後，才獲得資助。[14]

基於香港學童以華裔為主，日治政府並沒有從日本本土輸入教科書，中小學皆採用南京「國民政府教育部編審委員會」出版的課本，學習科目包括常識、地理、數學、中國歷史、公民、化學、日語等等。[15]

日語教育

日佔時期香港教育的另一個特色是，日語學校的成立如雨後春筍，當中包括「平山日語學校」、「興亞日語研究所」、「月峯日語學院」、「香島地區警備隊免費日語校」等。1943年4月，「文教課」課長談論教育問題時表示，日本人在香港開辦的日語學校已有十家。[16]

香港人學習日語是有著切實的需要。1943年10月30日《華僑日報》內的一則〈通譯募集〉啟示，列出了「香港占領地總督部」管理的「香港水道廠」招聘華裔女翻譯的條件，應徵者必須精通日語，以及年齡在二十五歲以下。[17]可見得日語是一種謀生的語言。早在1942年9月出版的《新東亞》內，葉靈鳳（1905-1975）在〈新香港的文化活動：香港放送局特約放送稿〉這篇文章有所表述：

> 因了事實上的需要，本港居民對於日語的學習十分熱烈。有一時期，日語速成班和日語學校成立非常之多。但本港教育當局並不遷就這個現象，而對日語學校的

設立採取放任的態度。相反的，對於日語教員資格的檢定十分嚴厲，對於不合標準的學校加以取締或淘汰。同時，為了加強推廣日語教育，一方面設立義務日語學校，聘請專家在各機關開班義務教授，一方面更在放送局的播音節目中插入日語講座節目，以便住民能有普遍的學習機會。[18]

日語學習成了當時的「時尚」風氣，社會團體如青年會亦舉辦「日語講習所」，教授日常應用日語。青年會日語班由幹事奈良常五郎負責，用英語及粵語授課。授課時間為每日下午五時至六時。另外，青年會亦舉辦粵語班，用英語及日語授課。[19]

職前教育

除基礎教育外，日治政府亦在香港推行職前教育，其中以成立於 1943 年 3 月 15 日的「香港海員養成所」最具代表性。1943 年 3 月，日治政府頒佈《公示》第十三號，將位於水城區醫院道，[20] 原育才書院舊址，改成為「香港海員養成所」。

其科目分甲板科和機關科，都是以三個月為學習期限。學習期間，由學校提供宿舍、膳食及制服，此外，每月獲發津貼十元。學生畢業後，將受聘於「總督部機帆船製造所」或各間船廠。[21]

1943 年 3 月 16 日，「香港海員養成所」舉行首次「入所禮」，學員共六十名，分別是無經驗者三十名，經海員公會介紹入所者三十名。學員分兩科，一半修讀機關課，另一半修讀航海課。師資方面，計有所長一名、教官兩名、教員六名、通譯六名。所長由港務局局長池田元兼任。[22]

1943 年 4 月出版的《南海》，詳細描述了「入所禮」的情況：

現在養成所的計劃，學員每月招考六十名〔包括航海科、機關科各半〕，訓練期間暫定三個月，卒業者，每年可有七百二十名，是期學員中無經驗者三十名，其餘三十名有經驗者由海員公會選送入學，學習期間供給膳宿和制服，並每月津貼十円，現在養成所的教職員，計開所長一名，教官二名，教育六名，通譯六名外，港務員長及交通部海務課職員等，兼任教授。[23]

另一所恢復運作的職前教育機構是位於香港仔的「香港仔兒童工藝院」。該院於 1942 年 5 月 1 日復課。「香港仔兒童工藝院」是天主教慈幼會主辦的一所職業教育學校，校長是繆仲素神父。復校初期，設有工藝部和小學部。工藝部設有機械科、裁縫科、木工科和革履科。小學部則教授日語和中文等科目。學生人數共七十人，大部份是家境清貧的子弟。「香港仔兒童工藝院」復課時，學校財務仍然拮据，只靠少許存款和售賣學生製造的革履和衣服來維持運作。[24]

結語

日佔時期香港的教育政策和制度，較為注重基礎教育，同時課程亦滲入東洋思想，如日本事情、日本道德及禮法等課題。除了基礎教育外，職前教育和日語學習更成為年輕人解決生計的途徑。

註釋

1 陳君葆著，謝榮滾主編：《陳君葆日記全集》（香港：商務印書館，2004 年），卷二〈1941-49〉，頁 55。

2 陳君葆著，謝榮滾主編：《陳君葆日記全集》，卷二〈1941-49〉，頁 118。

3 見《香港日報》（日文版），1942 年 8 月 27 日，〈聖保羅女子中學校・占領後初の卒業式〉條。

4 見《香島日報》，1942 年 6 月 3 日，〈文教課昨又批准・八間學校復課〉條。

5 見《香島日報》，1942 年 8 月 14 日，〈文教課認可・十二家小學〉條。

6 見《香島日報》，1942 年 8 月 19 日，〈民治部長暢談・糧食教育等問題〉條。

7 見《香島日報》，1943 年 4 月 21 日，〈長尾文教課長・暢談教育問題〉條。

8 見《香島日報》，1942 年 6 月 26 日，〈總督關懷華僑教育・巡視七家學校〉條。

9 見《香島日報》，1942 年 7 月 1 日，〈厲行新香港教育・設官立學校〉條。

10 《香督令》，昭和十八年法律第十一號。

11 《公示》，昭和十八年第十八號。

12 見《香島日報》，1945 年 3 月 7 日，〈樂滿部長闡明：革新東亞學院〉條。

13 見《華僑日報》，1943 年 2 月 13 日，〈平民學額報名・擬於十九開始〉條。

14 見《香島日報》，1943 年 3 月 4 日，〈考選貧民子弟學額・將分港九兩地考試〉條。

15 見《華僑日報》，1943 年 4 月 14 日，〈文教課長闡述・小學教育重要〉條。

16 見《香島日報》，1943 年 4 月 21 日，〈長尾文教課長・暢談教育問題〉條。

17 見《華僑日報》，1943 年 10 月 30 日，〈通譯募集〉啟示。

18 葉靈鳳：〈新香港的文化活動：香港放送局特約放送稿〉，《新東亞》，第一卷二期（1942 年 9 月），見於盧瑋鑾、鄭樹森主編，熊志琴編校：《淪陷時期香港文學作品選：葉靈鳳、戴望舒合集》（香港：天地圖書，2013 年），頁 33-36。

19 見《香島日報》，1942 年 11 月 25 日，〈青年會舉辦・日語講習所〉條。

20 按：「水城區」即西營盤。

21 《公示》，昭和十八年第十三號。

22 見《香島日報》，1943 年 3 月 16 日，〈香港海員養成所・昨舉行入所禮〉條。

23 〈海員養成所開學典禮記〉，《南海》，第一期（1943 年 4 月），頁缺。（見於楊國雄：《舊書刊中的香港身世》〔香港：三聯書店，2014 年〕，頁 143。）

24 見《香島日報》，1942 年 6 月 17 日，〈新香島・兒童工藝院〉條。

「香港海員養成所」是日治政府設立的職前訓練學校，用以培育海事人才。圖為「香港海員養成所」全體學員。

日語檢定要領

投考者須明瞭一切

（特訊）當局爲實際考驗管區華民學習日本語達至若何程度・特於八月二十日・發表公示第五五號・制定日本語檢定實施要項・復於九月二十日・經頒公示第五八號・發表第一回日本語檢定實現之件・查文教當局・經由昨起受理志願日語檢定者之『願書』・而關於考驗之回次及各等級與其科目之『檢定要領』・亦經編定表格（見后）・查投考五等級者・其程度以國民學校二年卒業者爲準・只須受試『會話』一項・其餘投考四・三・二・一等級者・其程度按照前者遞高・受試科目亦較多・又每人可得任意投考五・四・及三等級以上各級・惟若一人欲投考數級時・則須分別提出各級願書・又一・二・三級之考試日期將同時舉行・至於投考各等級者・如某項合格時則給予合格證明之『可良證』云

日期	第一回	第二回	第三回			備考
等級	五等級	四等級	三等級	二等級	一等級	每人可得任意投考五等級・四等級・及三等級以上各級・惟若一人欲投考數級時・務須分別提出各級願書・附註：一・二・三級之考試日期同時舉行
程度	國民學校二年卒業	國民學校三年卒業	國民學校四年卒業	國民學校五年卒業	國民學校六年卒業	
譯文	無	無	無	無	有	
作文	無	無	無	有	有	
讀解	無	有	有	有	有	
會話	有	有	有	有	有	

一九四三年九月二十六日刊登於《華僑日報》的〈日語檢定要領〉。日語學習是當時流行的風氣，因為日語是官方語言，學懂日語有助謀生。

香港的幼童教育在淪陷初期漸漸恢復運作。圖為「香港幼稚園」。

日治政府在聖士提反女書院舊址設立「官立香港東亞書院」，主要提供一年的普通科和兩年的高等科兩種課程。

㊨ 日佔時期，學懂日語能有助謀生，因此日語學校如雨後春筍般成立。

㊧「香港國民學校」的學生主要是居港日人子女。

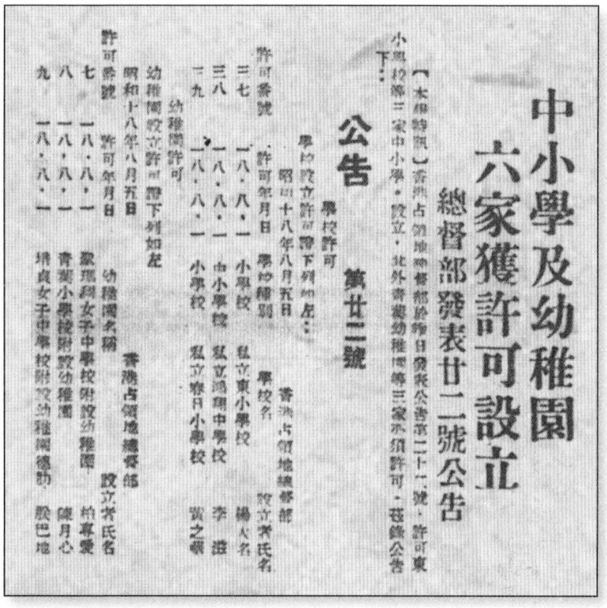

中小學及幼稚園
六家獲許可設立
總督部發表廿二號公告

【本港特訊】香港占領地總督部於昨日發表公告第二十二號，許可東小學校等三家中小學，設立，此外青葉幼稚園等三家亦須許可，茲錄公告下：

公告 第廿二號

學校許可

學校設立許可證下列如左：

昭和十八年八月五日 香港占領地總督部

許可番號	許可年月日	學校種別	學校名	設立者氏名
三七	一八．八．一	小學校	私立東小學校	楊大名
三八	一八．八．一	中小學校	私立鴻翔中學校	李澄
三九	一八．八．一	小學校	私立春日小學校	黃之頓

幼稚園許可

幼稚園設立許可證下列如左

昭和十八年八月五日 香港占領地總督部

許可番號	許可年月日	幼稚園名稱	設立者氏名
七	一八．八．一	聖瑪利女子中學校附設幼稚園	約專愛
八	一八．八．一	青葉小學校附設幼稚園	陳月心
九	一八．八．一	培貞女子中學校附設幼稚園	殷巴地

香港海員養成所
已獲批准設立
定本十五日正式成立
該所考取學員已揭曉

【本報特訊】當局為培育航海人材，特設立香港海員養成所，茲查該所籌備完竣，現定本月十五日正式成立，所址在香港水城區醫院道即育才書社舊址，總督部昨日發表公示明令公佈，茲錄公示如下：（家）

公示 第十三號

關於設立香港海員養成所之件

茲准照左開各項設立香港海員養成所

昭和十八年三月一日 香港占領地總督 磯谷廉介

記開

一、名稱 香港海員養成所

二、位置 香港水城區醫院道（育才書社舊址）

三、設立年月日 昭和十八年三月十五日

㊤ 學校恢復運作前，必須得到「香港占領地總督部」批准才能復辦。「總督部」亦會以公示形式在報章上刊登復校名單。

㊦ 一九四三年三月十五日，「總督部」頒佈《公示》第十三號，將位於「水城區」（即現今的西營盤）醫院道，原育才書社舊址，改為「香港海員養成所」。

平民免費學額
招考簡章擬定
先在港九各區役所報名登記
招考簡章
香港區
九龍區

雖然部份學校恢復運作，但是貧困學童仍難有入學機會，因此「香港慈善總會」特別設立免費學額，資助有需要的兒童入學。

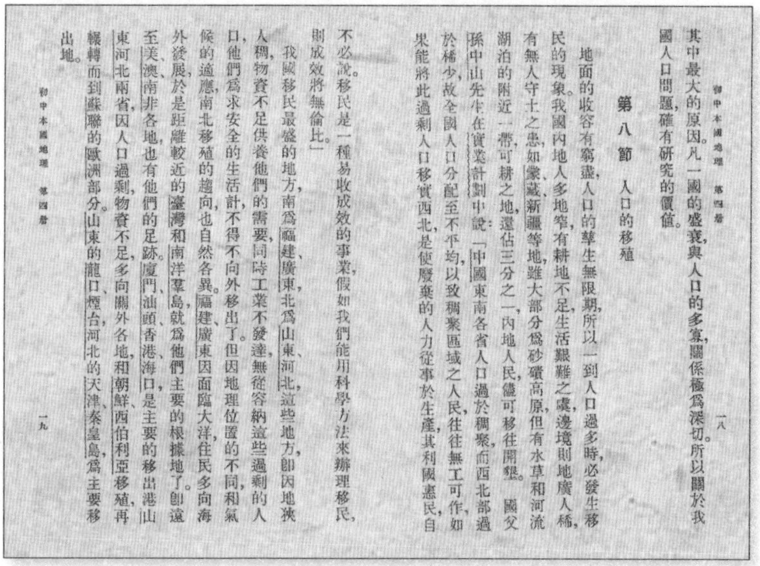
初中本國地理　第四冊　一八

其中最大的原因。凡一國的盛衰，與人口的多寡，關係極爲深切。所以關於我國人口問題，確有研究的價值。

第八節　人口的移殖

地面的收容有窮盡，人口的孳生無限期，所以一到人口過多時，必發生移民的現象。我國內地人多地窄，有耕地不足，生活艱難之處，邊境則地廣人稀，有無人守土之患，如蒙、藏、新疆等地，雖大部分爲砂礦高原，但有水草和河流湖泊的附近一帶，可耕之地，還佔三分之一，內地人民，儘可移往開墾。國父孫中山先生在實業計劃中說：「中國東南各省人口過於稠聚，而西北部過於稀少，故全國人口分配至不平均，以致稠聚區域之人民，往往無工可作，如果能將此過剩人口移實西北，是使廢棄的人力從事於生產，其利國惠民，自不必說。移民是一種易收成效的事業，假如我們能用科學方法來辦理移民，則成效將無倫比。」

我國移民最盛的地方，南爲福建、廣東，北爲山東、河北，這些地方，卽因地狹人稠，物資不足供養他們的需要，同時工業不發達，無從容納這些過剩的人口，他們爲求安全的生活計，不得不向外移出了。但因地理位置的不同，和氣候的適應，南北移殖的趨向，也自然各異。福建、廣東因面臨大洋，住民多向海外發展，於是距離較近的臺灣和南洋羣島，就爲他們主要的根據地了。卽遠至美、澳、南非各地，也有他們的足跡。廈門、汕頭、香港、海口，是主要的移出港。山東河北兩省，因人口過剩，物資不足，多向關外各地和朝鮮、西伯利亞移殖，再輾轉而到蘇聯的歐洲部分。山東的龍口、煙台，河北的天津、秦皇島，爲主要移出地。

初中本國地理　第四冊　一九

64　初中生理衛生

叫做肺活量，普通約有二八〇〇立方厘米，檢查身體健康時，須測肺活量，以斷定肺的強弱，可用肺活量計測定。

肺活量計檢查法，檢查者的口含着肺活量計的吹氣口，先儘量吸入空氣，然後把吸入的空氣由口吐出，鐘就往上昇，計其尺量上昇的數目，便可知肺活量爲若干。

呼吸運動的變態　呼吸運動的變態有許多種類，例如：**噴嚏**是鼻黏膜受刺激時所發的聲音；**鼾聲**是睡眠中軟腭隨着呼吸而振動所發的聲音；**笑**是緊張的聲帶所發的一種短促呼氣；**哭**就是經過聲門的短促深吸氣和延長的呼氣；**太息**就是繼續於深吸氣後的短促呼氣；**咳嗽**是氣道黏膜受刺激時所發

尺度(容量)
噴氣口
鐘

第三十圖
肺活量計

第八章　呼吸系統　65

的聲音；**呵欠**就是一種深大的呼吸，在肺內積蓄濁氣而感覺困倦時發現；**呃逆**是因膈膜痙攣時所發現的一種急促呼氣。

呼吸器官的保健　鼻腔是呼吸器的門戶，裏面生有鼻毛，能阻止塵物侵入鼻腔，故不可剃除，鼻內所積的污物，不可用指挖除，最好用棉花浸濕溫水輕拭，以免挖傷黏膜，傳入病菌。肺是重要的臟器，須使其舒暢，衣服宜寬大，讀書寫字時不可將上身久屈；我們要想增加肺臟的呼吸量，須要鍛鍊呼吸肌肉，使其充分運動，就是隨時到戶外空氣新鮮的場所行深呼吸；遊藝和公衆聚集的場所，空氣惡濁，不宜多去久留；吸煙能刺戟呼吸器，又有毒質，應該禁用；吐痰應入痰盂，切不可隨意吐在地上，因痰是氣道的分泌物，往往含有病菌，成爲傳染的媒介。

新鮮空氣對於人生極爲重要，因新鮮空氣含

《初中本國地理》㊤課本內有關華人移居海外的課文；《初中生理衛生》㊦課本內有關呼吸系統的課文。日佔時期，香港學校採用的是南京汪偽政權的「教育部編審委員會」出版的課本。

07

聊勝於無的
消遣娛樂

香港淪陷以後，為了營造出市面歌舞昇平、百業興旺及市民安居樂業的景象，日治政府仍然容許市民享受戰前的各種日常娛樂活動，包括電影、粵劇、歌壇、樂團、賽馬、博彩等，企圖讓香港市民沉醉於紙醉金迷之中，從而忘卻被侵略者奴役的現實。

另外，日治政府又推動各種康樂體育運動，除原來香港市民感興趣的足球、籃球及乒乓球等之外，又刻意引入日本本土的運動項目，例如棒球、柔道、相撲、劍道等等，企圖通過體育運動加強香港市民對日本的認同感。

文藝表演

日佔時期，電影、粵劇、樂團、歌壇及電台廣播等活動，是生活比較穩定的香港市民的消遣娛樂。

當時，上映的電影以粵語和國語電影為主，戲票票價由三十錢至一元錢不等。其他電影包括德語電影、日語電影、滿洲語電影等等。[1] 另外，日本電影公司亦曾在香港取景拍攝《香港攻略戰》，參與演出者包括日本演員黑田記代、香港演員紫羅蓮等。[2] 電影播放前後，會同場加映時事新聞或官方紀錄片。此外，日治政府亦會在戲院播放戰爭宣傳片，以圖將侵略美化成解放亞洲。

粵劇方面，不少滯留香港的戲壇老倌為了生活而重踏台板，組織劇團演出。例如大江山劇團的白駒榮（1892-1974）、靚次伯（1905-1992）；金星劇團的李我、李淑霞；覺先聲男女劇團的薛覺先（1904-1956）、半日安（原名李鴻安，1906-1970）、上海妹（原名顏思莊，1898-1954）；平安劇團的張活游（1910-1985）、羅品超（1911-2010）、楚岫雲。[3] 個別伶人乘著前往澳門演出之便，取道當地返回中國。總括言之，1943 年至 1945 年間的香港粵劇已逐漸趨向「庸俗化」，例如 1943 年下旬上演的《白蟒抗魔龍》，強調的是武打、奇情；又如《火牛陣》曾以張惠霞「犧牲色相巧用美人迷魂計」作招徠。[4]

西樂方面，香港交響樂團曾多次在娛樂戲院演奏，樂曲包括中、西、日等各國名曲，例如羅西尼的《西維爾的理髮師》、喬治・比才的《卡門》、舒伯特的《未完成的交響曲》、德弗札克的《新世界交響曲．第一樂章》、任光作曲的《漁光曲》、山本銃三郎的《軍歌．意想曲：攻擊》等樂章。[5] 日本軍樂團在淪陷初期亦曾在市區作露天表演，樂曲以軍樂為主，輕鬆音樂為副。[6]

日佔時期，不論是電影、粵劇、交響樂團，皆以戲院為主要表演場地。以播放電影為例，當時港九各區共有二十八間戲院，分為五個等級：

等級	戲院
首輪	明治、娛樂
二輪	平安、東方、大華、利舞台
三輪	好世界、中央、景星、新世界
四輪	光明、太平、新東亞、香港、國民、北河、九如坊、國泰
五輪	明星、油蔴地、長樂、新華、第一新、香島、和平、西園、旺角、紅磡

（資料來源：《香島日報》，1943 年 1 月 11 日，〈映畫系統及券價〉條。）

戲票票價是因應戲院的等級來區分，港九各區戲院在 1944 年 11 月 1 日修訂了票價，從中或許能清楚瞭解箇中分別。當時的一等戲院，票價最高是七元；二等戲院，最高票價是五元。軍人和軍眷享有約九折優惠，小童和憲查就享有半價優惠。[7]

淪陷初期，歌壇因戰禍而停頓。隨著市面漸漸復甦，一些酒家開始恢復歌壇來作招徠。李我便曾在三龍酒家三樓茶室包場開設歌壇，最初是全男班，後來為了吸引更多觀眾，遂改為男女班。他憶述當時的情況時，說：

> 我們一晚演出四小時，八個人輪流演唱，而表演的時候再不是坐著來唱，而眙站立咪前，可說是開一時風氣。為了配合燈火管制，免遭盟軍戰機轟炸。唱曲時，酒樓都開大風扇，以黑布遮蓋所有窗口，鬼祟非常。如此每晚，我們可均分百元軍票，大家生活總算也有個著落。[8]

除了為市民提供部份文娛節目外，日治政府還設立了「放送局」，為市民提供廣播服務。最初的廣播時段是由正午十二時至晚上十時三十分，廣播內容包括時代曲、粵曲、京曲、西樂等音樂節目。[9] 1942 年 11 月初，「放送局」更轉播東京的播音節目。1943 年中旬，廣播時段有所延長，並分段廣播。

為宣傳「大東亞共榮」的思想，「放送局」提供的新聞時段涵蓋更多種語言的新聞報導和「總督部」《公示》。「放送局」作為政府宣傳機器，亦在不同時期播放一些宣揚「大東亞共榮」或「反英殖民統治」的節目。1943 年 4 月初播放的兒童劇《大風》，便被《香島日報》形容為「應合參戰與仇英教育之劇本」。[10]

康樂體育

日佔時期，大型的體育活動仍時有舉行，成為市民的一種集體娛樂，其中以棒球最為政府所提倡。[11]《香港日報》在 1942 年 9 月初舉辦了「優勝野球大會」，參賽隊伍多為政府機關和日資機構，但當中亦有華人隊伍。此外，「華僑野球團」亦曾公開徵求男子青年球隊和女子壘球隊，並且重新訓練新球員。其他少數族群亦參與此項運動，當中包括與「中華青年棒球團」在掃桿埔球場進行友誼賽的「印青隊」。此外，日本國技柔道、相撲、劍道，亦曾在香港舉行表演。[12]

香港學界和非政府機構亦曾在日佔期間舉辦籃球比賽和馬拉松賽事。香港的籃球選手更曾組隊前往廣州進行慈善賽。[13]「香港地區事務所」及各區「區役所」亦在中華遊樂會會所舉行乒乓球比賽。[14] 在戰前已受香港市民歡迎的小型足球運動，在日佔期間曾舉辦「聯事和盃賽」，參賽隊伍包括地區球隊和商業隊伍。[15] 例如「造船隊」與「電氣隊」於 1943 年 1 月舉行了一場小型友誼足球賽；「憲兵消防隊」與「冠雲隊」曾經在憲教球場進行了一場足球賽。一些團體亦透過舉辦體育活動作聯誼和推廣服務，例如基督教青年會便曾舉辦「美和盃小球賽」，參賽隊伍包括「中央隊」、「西憲隊」、「大沽隊」、「藏前隊」、「藏民隊」、「深水埗隊」。香港的足球隊更曾遠赴澳門進行埠際比賽，例如「東方足球隊」與「南華足球隊」就曾在日佔期間先後出訪澳門，「南華足球隊」更與當地球隊友賽五場。[16]

日治政府亦提倡早操運動，[17] 各區「區役所」曾於 1943 年 3 月 1 日至 8 日，教授市民早操。「交通部」「土木課」職員堀上信次郎，每天早上七時，在九龍橫山酒店前的廣場教授柔軟體操。「香港競馬會」職員組織開辦氣功訓練班，聘請中國氣功團前團長李長清擔任教練。

賽馬與博彩

日佔期間，賽馬活動被保存了下來，將原來的「香港賽馬會」改名為「香港競馬會」。最初每兩週舉行一次賽馬日，賽馬日共有十一場比賽，並設立錦標賽。[18] 馬場設有會員席和公眾席，投注獨贏或位置，每注為兩元五錢。有關賽馬活動的消息，也定期在報紙上刊登，為香港人提供博彩活動。[19]「香港競馬會」還不時舉行馬匹拍賣活動，為香港營造昇平景象。[20] 賽馬活動初期，亦設有盃賽賽事，如 1942 年的「第六次競馬」，其中第五場被編入「銀行盃賽」，而第八場則被編入「錢莊盃賽」。[21] 隨著競賽馬匹減少，賽事競爭性銳減，場面變得冷清。有見及此，「香港競馬會」在 1944 年推出「木馬比賽」來維持競賽氣氛。[22]

除了賽馬活動外，日治政府更不時發行名為「香港厚生彩票」的博彩獎券，[23] 供市民購買來賭賭運氣，港九各區的彩票售票處更多達九十七個。每張「香港厚生彩票」的售價為一元軍票，抽籤活動在娛樂戲院舉行。1944 年 5 月的「第一回厚生彩票」，便賣出近二十萬張，得獎者可得到數萬元軍票。除此之外，更受普羅大眾歡迎的，是隨處可見的賭檔，其中賭檔林立的長洲更有「小澳門」之稱，當中以經營番攤賭博為主。

「娛樂場」與「導遊社」

日治政府為了便於管理色情事業，在統治初期將石塘咀劃作華人「娛樂區」，而灣仔則指定為日本人「娛樂區」。

日佔時期「娛樂場」的營業種類繁多，包括酒吧、舞場、旅店等場所。經營者必須按規定向政府申請開設「娛樂場」。以 1945 年 2 月的申請為例，日治政府共收到數十宗申請，最終只批出十三家營業牌照，分別位於港九各區和元朗。「娛樂場」開業後，市民可以在營業時間內到那處消遣。[24]

「導遊社」位於遇安台和南里的共有十餘家，山道亦有一家。大型的「導遊社」一般僱用二十多位「嚮導姑娘」，另有三十多名員工，設有客廳、食堂、職員宿舍、歌壇。「導遊社」的營運是以「分賬」方式來經營，職員收入所得，部份歸「導遊社」，而「導遊社」需要提供食宿。「嚮導姑娘」必須樣子甜美，裝扮入時，懂得應酬顧客。[25]

「娛樂區」的營商活動，往往受時局影響，當電力供應不足時，電車服務被迫停駛，「娛樂區」也變得蕭條。此外，為哀悼在戰場上陣亡的日軍，塘西娛樂區仝業也曾被要求休業，例如在大宮島及迭尼安島戰敗後，日治政府要求塘西娛樂區內的「導遊社」、娼寮全體休業一天，以此哀悼陣亡的日軍。[26]

結語

儘管日佔時期，各類的文藝表演、康樂體育仍然大行其道，賽馬與博彩仍然繼續舉行。然而，對普羅市民而言，每天都要為三餐奔走之餘，只能依賴以上種種閒暇活動來消磨黑暗歲月。

日治政府亦藉著各類消閒娛樂活動來營造一種「歌舞昇平」的假象，以及作政治宣傳，企圖藉此麻醉香港市民的反抗意識，甘願接受日本人的殖民統治。

註釋

1 Ian Charles Jarvie, *Window on Hong Kong: A Sociological Study of the Hong Kong Film Industry and Its Audience* (Hong Kong: Centre of Asian Studies, University of Hong Kong, 1977), pp.11-18.

2 〈日本電影新作：「香港攻略戰」〉，《大同畫報》，第一卷第五期（1942 年 12 月 15 日），頁 20。

3 〈新香港的戲劇〉，《大同畫報》，第一卷第二期（1942 年 9 月 15 日），頁 31。另見《香島日報》，1942 年 6 月 2 日，〈中央戲院〉、〈娛樂大戲院〉廣告。

4 鄺耀輝、羅卡、法蘭賓：《從戲台到講台：早期香港戲劇及演藝活動（1900-1941）》（香港：國際演藝評論家協會，1999 年），頁 120-121。

5 見《華僑日報》，1942 年 7 月 25 日，〈香港交響樂團〉條。

6 見《香島日報》，1942 年 6 月 7 日，〈昨晚陸軍樂隊．在明治劇場演奏〉條。

7 見《華僑日報》，1944 年 10 月 25 日，〈電影票價．下月修訂〉條。

8 李我著，周樹佳整理：《李我講古（一）：我的患難與璀璨》（香港：天地圖書，2003 年），頁 93。

9 "Radio Programmes." *Hongkong News*, 6 February, 1942.

10 見《香島日報》，1943 年 4 月 3 日，〈廣播劇「大風」．明日「兒童節」播出〉條。

11 "First Match." *Hongkong News*, 7 January, 1943。另見《華僑日報》，1942 年 9 月 6 日，〈野球大會開幕〉條。

12 "Photo Show Sumo Experts." *Hongkong News*, 19 December, 1943.

13 "Top Photo." *Hongkong News*, 28 December, 1942。另見《香島日報》，1943 年 3 月 25 日，〈香島慈善球隊，今晨誓師〉條。

14 見《華僑日報》，1943 年 1 月 15 日，〈本港各區所．乒乓比賽〉條。

15 "Indians Win At Soccer." *Hongkong News*, 15 February, 1942.

16 "H.K. Players Leaving For Macao." *Hongkong News*, 18 December, 1943.

17 "School Children." *Hongkong News*, 6 November, 1943.

18 〈秋季賽馬〉，《大同畫報》，第一卷第三四期（1942 年 11 月 15 日），頁 18。

19 見《華僑日報》，1943 年 10 月 7 日，〈第四二次競馬〉條。

20 見《華僑日報》，1942 年 7 月 20 日，〈青葉峽競投良駒結果〉條。

21 見《華僑日報》，1942 年 7 月 3 日，〈銀行盃賽．錢莊杯賽〉條。

22 簡而清：《香港賽馬話舊》（香港：三聯書店，1997 年），頁 45。

23 劉智鵬、周家建：《吞聲忍語：日治時期香港人的集體回憶》（香港：中華書局，2009 年），頁 106。

24 見《華僑日報》，1945 年 2 月 8 日，〈香港九龍新界三地區．限設娛樂場一十三家〉條。

25 見《香島日報》，1942 年 11 月 18 日，〈塘西花事之一．嚮導業的新姿態〉條。

26 見《華僑日報》，1944 年 10 月 3 日，〈停止娛樂一天．哀悼兩島日軍壯烈陣亡〉條。

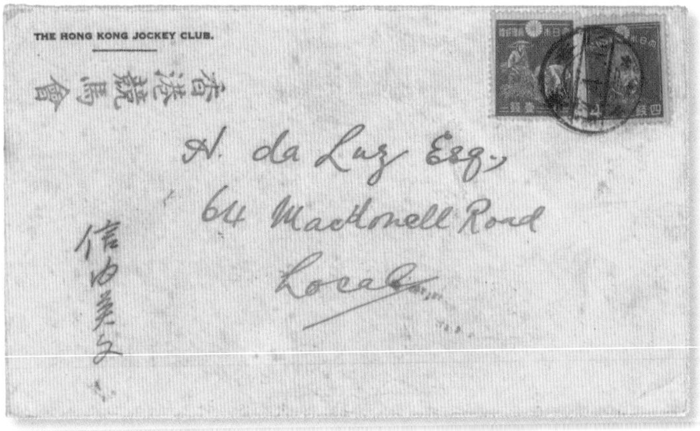

㊤ 一九四二年「香港競馬會」馬牌證章正面。馬牌證章授予權限給不同人士進入馬場不同區域。

㊦ 香港賽馬會信封。日佔時期，「香港競馬會」繼續使用，並且在信封上蓋有「香港競馬會」字樣。

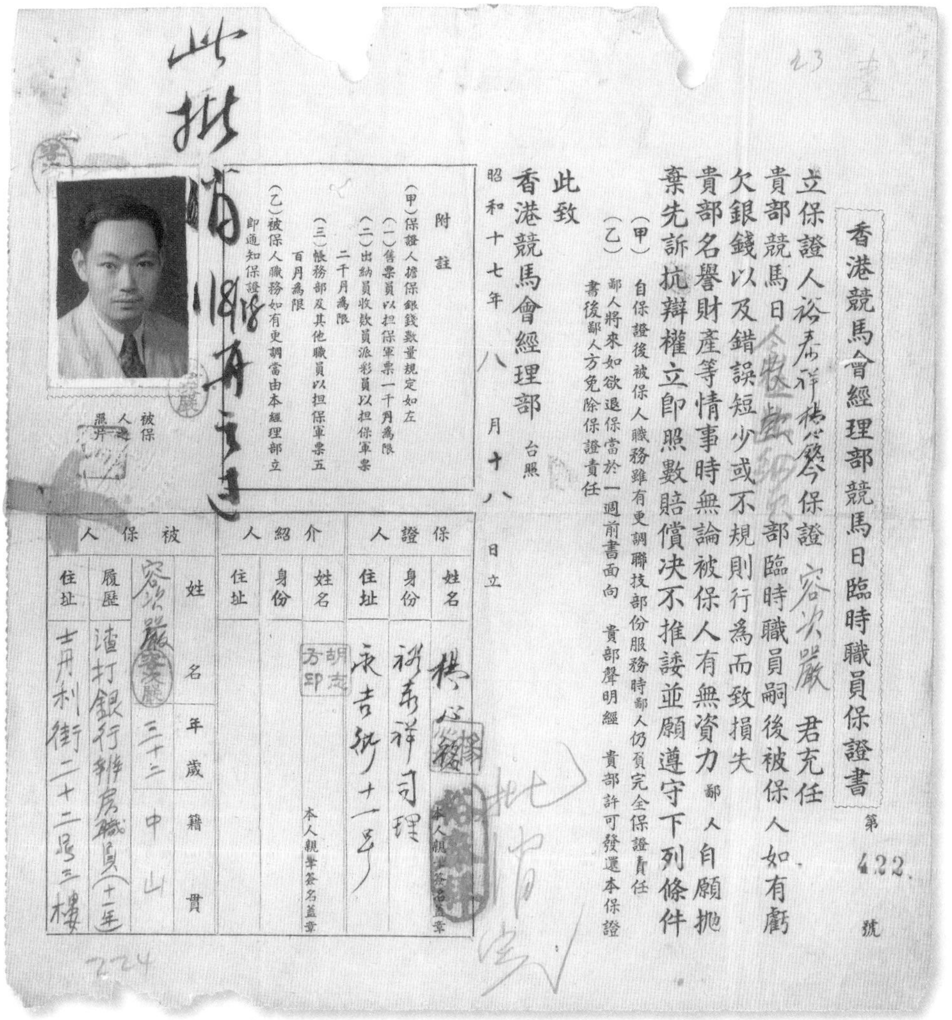

香港競馬會經理部競馬日臨時職員保證書

第 422 號

立保證人裕泰祥楊心發今保證容次嚴君充任
貴部競馬日　部臨時職員嗣後被保人如有虧
欠銀錢以及錯誤短少或不規則行為而致損失
貴部名譽財產等情事時無論被保人有無資力鄙人自願拋
棄先訴抗辯權立即照數賠償決不推諉並願遵守下列條件

(甲) 自保證後被保人職務雖有更調聯技部份服務時鄙人仍負完全保證責任

(乙) 鄙人將來如欲退保當於一週前書面向 貴部聲明經 貴部許可發還本保證書後鄙人方免除保證責任

此致

香港競馬會經理部 台照

昭和十七年八月十八日立

附註

(甲) 保證人擔保銀錢數量規定如左

(一) 售票員以担保單票一千円為限

(二) 出納員收款員派彩員以担保單票二千円為限

(三) 帳務部及其他職員以担保單票五百円為限

(乙) 被保人職務如有更調當由本經理部立即通知保證人

被保人照片

保證人	
姓名	楊心發
身份	裕泰祥司理
住址	永吉街十一号
	本人親筆簽名蓋章

介紹人	
姓名	胡志方印
身份	
住址	
	本人親筆簽名蓋章

被保人			
姓名	年歲	籍貫	
容次嚴	三十二	中山	
履歷	渣打銀行辦房職員(十一年)		
住址	士丹利街二十二号三樓		

「香港競馬會經理部競馬日臨時職員保證書」。申請人需要填寫個人資料外，亦需要提供一名介紹人資料和一名保證人擔保。

總督部管理 香港競馬會

公衆位置票

579

馬票番號

軍票二月五十錢

¥ 2.50　票號　236　¥ 2.50

此票乃根據本會競馬規則發行

㊤「總督部管理香港競馬會」的公眾席入場券，票價原為二円五十錢軍票，後蓋有「香港競馬會・改作五円」印鑑。

㊦位於「青葉峽」（即現今的跑馬地）的馬場。日佔時期，賽馬活動由「香港競馬會」負責營運。

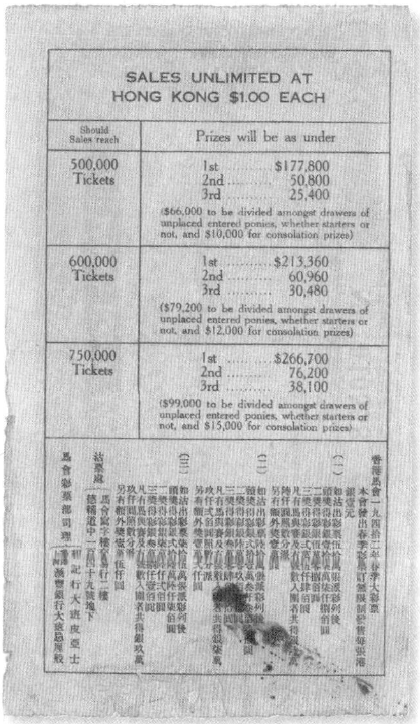
SALES UNLIMITED AT
HONG KONG $1.00 EACH

Should Sales reach	Prizes will be as under
500,000 Tickets	1st .... $177,800 2nd .... 50,800 3rd .... 25,400 ($66,000 to be divided amongst drawers of unplaced entered ponies, whether starters or not, and $10,000 for consolation prizes)
600,000 Tickets	1st .... $213,360 2nd .... 60,960 3rd .... 30,480 ($79,200 to be divided amongst drawers of unplaced entered ponies, whether starters or not, and $12,000 for consolation prizes)
750,000 Tickets	1st .... $266,700 2nd .... 76,200 3rd .... 38,100 ($99,000 to be divided amongst drawers of unplaced entered ponies, whether starters or not, and $15,000 for consolation prizes)

㊤ 一九四二年二月二日的香港打吡賽事馬票。此馬票原為戰前香港賽馬會馬票，因此印有香港賽馬會彩票部兩位司理名字：和記大班皮亞士（Hon. Mr. T. E. Pearce）和香港上海滙豐銀行大班忌厘般爵士（Hon. Sir Vandeleur Grayburn）。

㊦ 香港打吡賽事馬票背面，詳細列出戰前彩金金額計算方法及賽馬會資料。

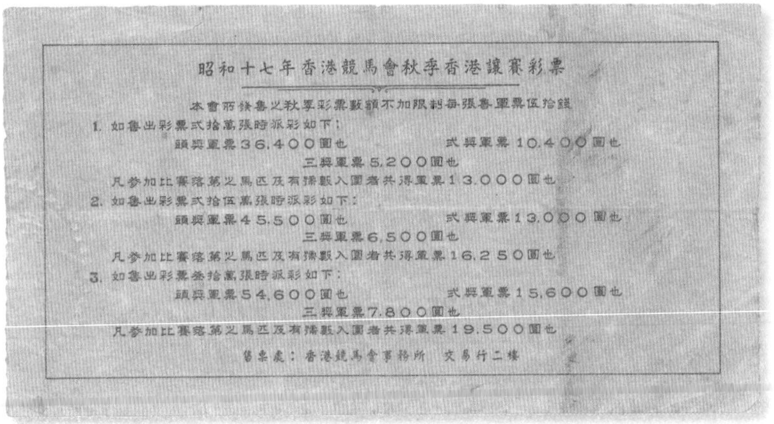

(上) 一九四二年十月二十五日的「香港競馬會」第八場秋季讓賽馬票，售價是伍拾錢軍票。

(下) 一九四二年十月二十五日的「香港競馬會」第八場秋季讓賽馬票背面，詳列勝出彩金的計算方法。

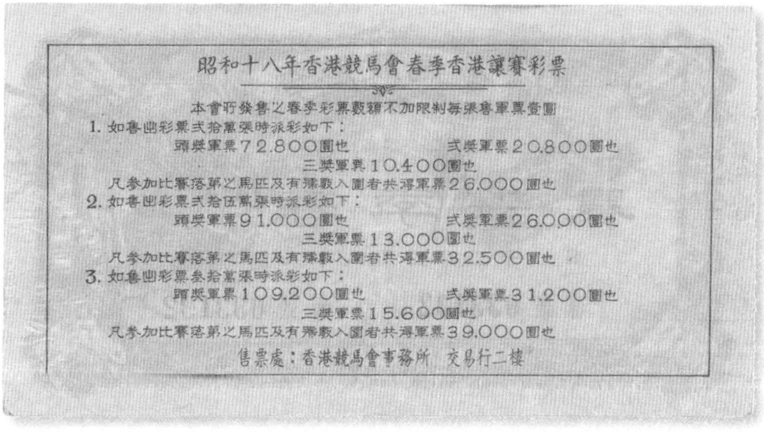

昭和十八年香港競馬會春季香港讓賽彩票

本會所發售之春季彩票數額不加限制每張售軍票壹圓

1. 如售出彩票式拾萬張時派彩如下：
頭獎軍票72.800圓也　式獎軍票20.800圓也
三獎軍票10.400圓也
凡參加比賽落第之馬匹及有號數入圍者共得軍票26.000圓也

2. 如售出彩票式拾伍萬張時派彩如下：
頭獎軍票91.000圓也　式獎軍票26.000圓也
三獎軍票13.000圓也
凡參加比賽落第之馬匹及有號數入圍者共得軍票32.500圓也

3. 如售出彩票叁拾萬張時派彩如下：
頭獎軍票109.200圓也　式獎軍票31.200圓也
三獎軍票15.600圓也
凡參加比賽落第之馬匹及有號數入圍者共得軍票39.000圓也

售票處：香港競馬會事務所　交易行二樓

㊤ 一九四三年二月二十一日的「香港競馬會」第七場春季讓賽馬票，票價為壹圓軍票。票面上繪有「五爪飛龍」圖案。

㊦ 一九四三年二月二十一日的「香港競馬會」第七場春季讓賽馬票背面，詳細說明彩金多寡與彩票銷量掛鉤。

今日廣播秩序

「上午」八時，開始廣播，音樂體操，八時半休止。

「中午」十二時，音樂合奏「天籟」，國語報告新聞，十二時十五分，時代曲唱片，（一）周璇英唱「西江月，小桃紅」，（二）胡蝶唱「神女」，（三）高占非唱「搖船歌」，（四）紅曼莉唱「少女的青春」，十二時卅分，音樂合奏及粵語報告新聞，十二時四十五分，粵曲唱片，白駒榮，李飛鳳合唱「高君保私探營房頭卷（四段）」，音樂合奏「揚聲喜」，一時，報告時刻及粵曲唱片，由白駒榮，李飛鳳合唱「高君保私探營房二卷（四段）」，大傻，廖夢覺，黃佩英合唱「茶樓笑史（四段）」，子喉七，黃曼梨合唱「標準老婆（二段）」，一時卅分，英語報告新聞及洋樂演奏，二時完。

「下午」六時卅分，報告兒童新聞，音樂合奏「滿堂紅」，四十分，兒童歌曲及演講兒童故事，第二十二講「[illegible]」，由[illegible]主講，七時報告時刻，音樂合奏「斷水驚鸞」及國語報告新聞，音樂合奏「迷離」，七時十五分，粵語報告新聞，音樂合奏「步步[illegible]」卅分，報告總督部公示及音樂合奏「殘漏」，四十分，粵語通譯時報，及日語講座，由大森弟子女士教授，八時，特備音樂時代曲唱片，（一）周璇唱「夢」，（二）李明暉，袁美英合唱「湖上輕舟曲」（一—二段），（三）夏佩珍唱「四時吟」（一—二段），（四）周璇，韓蘭根合唱「漁翁經」，二十分，特備音樂，由李道民，林萬珍，陳湘譚合唱「二進宮」（由新華音樂社伴奏），五十分，音樂唱片，「漢宮秋月」（二胡獨奏），「雁刀舞」（手風琴獨奏），九時，國語報告新聞及音樂合奏，十五分，粵語報告新聞及音樂合奏，卅分，印語報告新聞及唱片，十時英語報告新聞及洋樂，卅分完。

（上）一九四五年一月的「第八回香港厚生彩票」，售價一元軍票。該次是最後一次「厚生彩票」，票上繪有中區海旁建築物。彩票下方之所以有有「昭和二十年一月東亞銀行」字樣，皆因彩金自一九四五年二月起至五月四日由東亞銀行支付。

（下）「放送局」在報章上刊登節目表。節目包括多種語言的新聞廣播、音樂節目、兒童節目和日語講座。

放送局昨晚特別節目
港僑小學生登台演奏

【本報特訊】香港更生一週年紀念，放送局於二十四、二十五、二十六一連三天，均有特別節目播送，昨（二十六）日下午六時四十分起之二十分鐘內，特別放送節目，係由港僑中學初級一年班張國威等十名担任，節目如下：

合唱：（甲）大東亞民族團結行進曲（華語），（乙）露營之歌（日語）．（丙）桃太郎（日語），（丁）口琴合奏，（戊）狂歡）（合唱），演千島（日語）。（劍）

香港淪陷一週年，「放送局」安排了特備節目慶祝。圖為《香島日報》的相關報導。

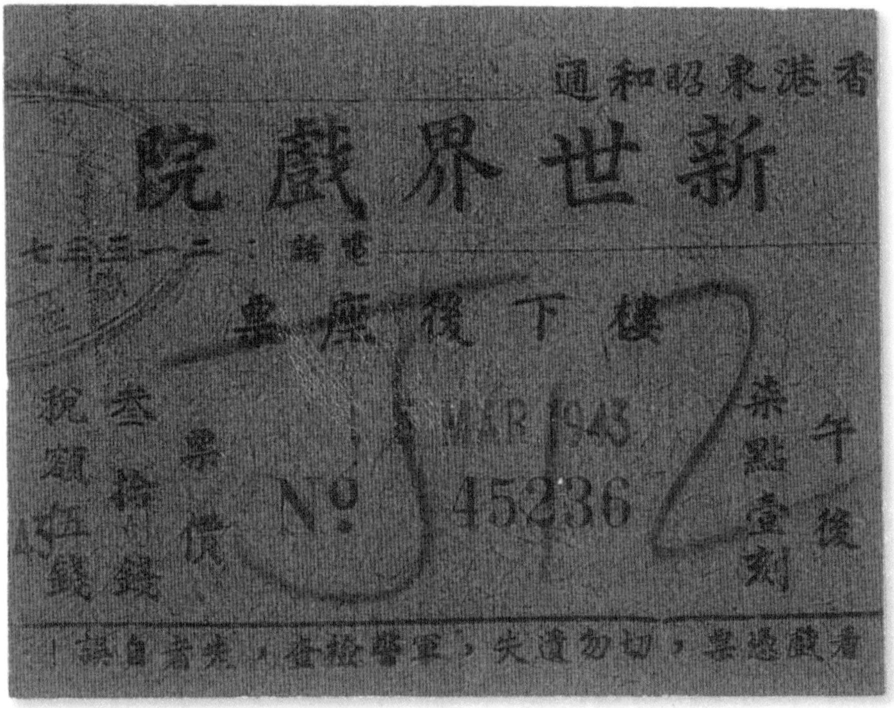

新世界戲院戲票。樓下後座票價為三十錢，另加「娛樂稅」五錢。日佔時期，稅收變得無孔不入。

高陞戲園廣告。日場上演香艷武打劇《北河會妻全卷》，夜場上演靚次伯、羅品超、余麗珍領銜主演的《花街慈母下卷》。

(右) 高陞戲園廣告。多齣劇目均以「香艷」、「奇情」為賣點。

(左) 「明治劇場」廣告，除上映《新人道》外。同場加映世界新聞片三十號。

促進香港文化事業
市民圖書館將開幕
公開招募臨時職員十名

【本報特訊】當局為發揚我東亞文化，同時使新香港文化有劃期之進展計，在政務百忙中，仍積極努力於文化之施設。關於全港市民精神上食糧寶庫之圖書館設立問題，經磯谷總督及市來民治部長宣示，在加緊籌設中。本當局準備開設者，有「前香港大學堂之圖書館」及「市民圖書館」，前者屬於專門，係供給一般專門研究者之用，後者則力求普遍。切據研究獲示，兩圖書館中，市民圖書館將先行設立，凡一切業經整備就緒，將於短期內正式開幕，該館為準備開館，特公開招募臨時職員，凡有志應徵者，均可於下（六）月十日以前到文教課接洽。據悉，此次所招募者係臨時職員，俟試用後成績優良者，即委為圖書館正式職員。茲將其招募之要點，詳錄如下：

計開

一，錄用機關，香港市民圖書館

二，錄用人員資格

種別	人數	資格
臨時囑託	一	大學專門學校畢業　須略解日本語
臨時雇員或臨時傭人	五	高級中學畢業以上　且能執筆者
什役	二	小學畢業以上　年二十五歲以上四十歲以下　須略解簡單之日本語
給事	二	小學畢業以上　年齡十五歲以上十八歲以下　且身體強健者
合計	一〇	

三，應徵手續

到文教課領取「採用願書」用紙，於六月十日以前填送該課提出。

四，錄用之決定

由六月十三日午前十時起，對於報名應徵人員作簡單之考查，以定去取，屆時須攜帶毛筆，墨盒，墨水，鋼筆及鉛筆，到文教課應考為要。

「香港占領地總督部」在一九四四年設立「香港市民圖書館」。圖為《香島日報》報導了當時招募臨時職員事宜。

位於港島南面的「綠ケ濱」（日治政府將淺水灣改名為「綠ケ濱東亞海水浴場」）是少數獲准開放給市民進行海浴的泳灘之一。

泳客在港島南面的「綠ケ濱」划艇。

香港動植物公園在日佔時期易名為「大正公園」。

終章

光陰荏苒，轉瞬間太平洋戰爭已結束了七十年。香港在戰爭期間，市民經歷了「三年零八個月」的艱苦日子，日佔時期的種種不幸給一代人留下了悲愴的回憶。隨著老一輩的故去，研究該段時期的生活片段，只能依靠史料來佐證。

意大利史學家克羅齊（Benedetto Croce, 1866－1952）在 *History : Its Theory and Practice* 一書中提出「一切真歷史都是現代史」(Every true history is contemporary history），他指出史料在未經運用的情況下，只是「死歷史」。但當歷史學家運用那些史料來作研究、分析和回顧時，那些「死歷史」才能發揮作用，變成了「活歷史」。而當代歷史學家以現代的歷史目光來解釋那個時段的歷史時，過去發生的事情漸漸染上了現代的色彩，這正是克羅齊所提出的「一切真歷史都是現代史」。

本書所展示的日佔時期的歷史文物，有細如一張電車車票，亦有大如一張樓宇的租賃契約。每件物品都是日佔時期的常用檔案，記載著當時人們生活的「時與事」，部份更是因公務活動而產生出來的。到了千禧年代，這些票據、單張已成為了歷史的印證，因它的歷史價值而成為了歷史檔案。

書內每張承載著珍貴資料的歷史檔案，經運用來詮釋當時的情況，原是被視為「死歷史」的載體，最後以「活歷史」的形象呈現於人前。日佔時期的生活片段，不再是枯燥的描述，而是給予我們一個思考的空間。往日主體上的記錄，演變為帶著歷史記錄的主體，這正是「歷史檔案」的可貴之處。

鳴謝

本書能夠在一年內付梓，實有賴師友們的支持與鼓勵。首先感謝香港中文大學歷史系客席教授丁新豹博士、香港史及歷史照片研究專家高添強先生、長春社文化古蹟資源中心執行總監劉國偉先生賜序；香港大學中文學院劉潤和博士給予寶貴意見，增添了本書的可讀性。此外，有賴陳汝佳先生穿針引線，以及梁偉基先生的提議，木書才有幸跟廣大讀者見面；梁譽齡先生、盧飛先生慷慨借出部分珍藏，令本書內容增色不少，在此表示由衷謝意。

拙作錯漏與失誤之處，乃我們學有不逮所致，尚請讀者不吝賜教。

周家建　張順光

二〇一五年夏

榮える香港
輝やく東亞
東亞
東亞
香港 東亞ホテル 九龍
電話代表 五八〇八一